KB039049

·수용전념치료 문제 해결 가이드·

ACT

A Practical Guide to
Acceptance and
Commitment
Therapy

상담의
난관 극복하기

Russ Harris 저 | 김창대 · 최한나 · 남지은 공역

Getting unstuck in ACT

학지사

∥ 역자 서문 ∥

각각의 상담 이론은 독자적인 인간관과 인간의 문제를 정의하는 방식, 그리고 그 문제에 대한 처방을 제시한다. 그중에서 문제 정의 방식은 각각의 상담 이론이 가진 정체성의 중요한 부분이다. 예컨대, 정신역동 이론은 의식화되지 못한 힘에 의한 주체성의 상실, 행동주의 이론은 자극−반응 간의 잘못된 연결 또는 잘못된 학습, 인지상담 이론은 사고의 경직성, 인간중심 이론은 외적 기준에 의해 중지된 자기실현 성향 등으로 인간의 문제를 규정한다.

ACT 관점에서 보는 내담자의 문제는 '곤경에 빠진 상태', 즉 'getting stuck'된 상태이다. 우리는 회피, 융합, 경직성, 집착, 가치혼란, 무활동 때문에 'getting stuck'되고 수용, 탈융합, 유연성, 버림, 명료한 가치, 전념을 통해 'getting unstuck'될 수 있다. 즉, 곤경에서 벗어날 수 있다.

그렇다면 내담자만 곤경에 빠지는가? 그렇지 않다. 이 책의 저자 Harris는 상담자의 이론적 관점에 상관없이 결코 '곤경'에서부터 자유롭지 않다고 설파한다. 이 책에 나타난 Harris의 관점을 요약하면 대략 다음과 같다.

상담자나 내담자는 같은 이유로 곤경에 빠지며,

곤경으로부터 벗어나는 과정 역시 두 사람이 동일하다.

다만, 내담자가 곤경에 빠지는 장면은 주로 일상생활이지만,

상담자는 일상생활뿐 아니라 상담 장면에서도 곤경에 빠진다.

채택하는 이론적 관점과 상관없이

상담자가 곤경에서 벗어나는 방법을 모르면

그는 자신의 삶 속에서 어려움을 겪을 뿐 아니라

내담자를 효율적으로 도울 수도 없다.

이런 의미에서 곤경에서 벗어나는 것, 즉 getting unstuck되는 것은

상담자와 내담자 모두에게 중요하며,

특히, 효율적인 상담을 해야 하는 상담자에게는 전문가로서의 책무에 해당한다.

이런 관점에서 Harris는 이 책의 제1부, 4개의 장에서 상담자가 빠지는 곤경과 그것으로부터 빠져나오는 과정을 보여 준다. 물론 Harris는 이 책이 내담자의 변화를 꾀하는 책이 되어야 한다는 점도 잊지 않았다. 제2부, 10개의 장에서 그는 상담 장면에서 곤경에 빠진

내담자들을 효과적으로 돕기 위한 구체적인 방법을 제시하고 있다.

 Harris의 책을 접할 때마다 느끼는 것이지만, 그는 ACT의 원리를 분명하게 설명할 뿐 아니라 ACT 접근을 적용하는 구체적인 절차와 방법을 제시한다. 물론 어떤 때에는 방법이 너무 구체적이어서 ACT의 원리를 무시하고 방법만 따르려고 하는 일부 독자들에게는 '달을 보라고 했더니 손가락만 보게 되는' 부작용을 일으키는 경우도 있다. 하지만 구체적인 방법과 절차 이전에 ACT의 원리 습득의 중요성을 알고 있는 독자들에게는 Harris가 제시하는 구체적인 방법과 절차, 그리고 사례들이 시원한 청량제가 되곤 한다. 역자들은 이 책이 ACT의 원리를 내담자에게 적용하여 내담자를 도울 뿐 아니라, 자기 자신에게 적용하여 자신의 성장에도 촉진제로 활용하고자 하는 상담학도들에게 좋은 지침이 될 것으로 기대한다.

 끝으로 이 자리를 빌려 그동안 번역을 함께 해 준 숙명여자대학교 교육학부 최한나 교수님과 서울대학교 교육상담 전공 박사과정을 수료한 남지은 선생에게 깊은 감사의 뜻을 전한다.

역자 대표 김창대

▮ 저자 서문 ▮

곤경에 빠지셨나요?

수용전념치료를 하면서 상담이 잘 안 되고 진척이 없을 때가 있었는가? 물론 당연히 그런 적이 있었을 것이다. 그걸 어떻게 알았는지 묻는다면 모두가 그런 경험을 했고, 심지어는 ACT 모델을 개발한 권위자들마저도 그러한 경험들이 있기 때문이다. 내가 사실 처음 ACT를 알게 되었을 당시 이 이론에 가장 매료되었던 이유 중 하나는 이 분야 지도자들의 인간다움이었다.

ACT 치료자들과 동료로 지내면서, ACT 모델의 선구자들인 저명한 심리학자 Steven Hayes, Kelly Wilson, Kirk Srosahl 그리고 Robyn Walser와 함께 수련을 했었다. 그때 나는 그들과 대화하면서, 상담을 망쳤다거나, 진행이 잘 안되었다거나 혹은 자신의 능력이 의심스럽다는 등의 회의를 정말 아무렇지 않게 인정하는 것을 보고 놀랐다. 그들의 정직함, 개방성 그리고 기꺼이 약점을 드러내는 점은 나를 완전히 매료시켰다. 나는 ACT 수련을 하기 전에 다른 많은 모델들을 배웠었는데, 이렇게 자신의 단점과 자기-의심을 인정하는 전문가들은 보지 못했었다. 이러한 경험은 내가 나 자신의 단점과 실패를 수용할 수 있도록 도왔고, 내 마음속 깊숙하게 확립되었던 "나는 별로인 상담자야."라는 이야기로부터 탈융합할 수 있도록 도움을 주었다.

사실 ACT를 제대로 배우기 위해서는 많은 시간과 노력이 필요했다. 물론 몇 가지 테크닉과 몇몇 가지 명료화 연습 기법들을 적당히 섞어 쓰는 것도 많은 내담자들에게 도움이 될 것이다. 많은 사람들이 이렇게 시작한다. (나도 물론 그렇게 시작했다). 하지만 그런 방법으로는 절대로 ACT를 물 흐르듯이 유연성 있게 효율적으로 수행할 수는 없다.

이틀짜리 기초 훈련 프로그램에서 ACT를 배우고 별다른 노력 없이 효과적으로 ACT를 실행할 수만 있다면 얼마나 좋겠는가? 하지만 불행하게도 그건 불가능한 일이다. ACT는 그렇게 단순한 기법으로 이루어진 도구 상자가 아니다. ACT는 심오하고, 복잡하며, 다층구조로 구성되며, 역동적이고 끊임없이 진화해 가는 모델이다. 그래서 대부분의 사람들이 ACT의 기본 원리는 꽤 빨리 배울 수 있지만, 모델을 물 흐르듯이 유동적으로 사용할 수 있게 되기까지는 적어도 2~3년의 수련 과정이 필요할 것이다.

그리고 여기에 또 하나의 불편한 진실이 있다. 이렇게 긴 배움의 기간 동안에 우리와 우리의 내담자들은 끊임없이 곤경에 빠지게 될 것이다. 사실상, 우리가 곤경에 빠지면 빠질수록 내담자들 또한 곤경에 빠지게 될 것이다. 우리는 진정 "나는 별로야." "나는 할 수 없어." 라는 자괴감에 빠지게 되고, 그다음에 부적절감과 무망감으로 인한 불안과 좌절에서 오는 고통스런 감정들과 싸우고 있는 우리를 발견하게 될 것이다.

하지만 좋은 소식 하나도 있다. 우리를 실수로부터 학습하고 더욱 효과적으로 작업할 수 있도록 돕는 유용한 팁과 실용적인 도구와 전략들이 있기 때문에, 결국에는 모두 성장하게 될 것이다. 그리고 이 책에서 그러한 것들을 독자와 함께 나누고자 한다.

내가 이 책에 대한 아이디어를 갖게 된 것은 내가 처음 쓴 전문서적인 『ACT Made Simple』이라는 책의 제13장인 '곤경에서 빠져나오기'를 쓰면서부터이다. 나는 그때 이 주제를 책의 한 '부분'에 담기에는 방대한 분량이라고 생각했고, 하나의 '책'으로 담기에 충분한 가치가 있다고 생각했다. 그리고 4년이 지난 지금 이 책이 나오게 되었다.

나는 이 책을 초보, 중간 수준 혹은 숙련 단계까지의 모든 단계를 아우르는 ACT 실무자들을 위해 집필했다. (나는 이 책을 치료자뿐만 아니라, 코치, 상담자, 의사 등등 ACT를 적용하는 모든 전문가를 위한 책으로 구상했다.) 하지만 독자들이 ACT 이론의 기본 원리는 어느 정도 알고 있으리라고 가정하고, 기본 원리를 설명하는 데 많은 시간과 지면을 할애하지는 않았다. 따라서 ACT 이론이 당신에게 전혀 새로운 이론이라면, 잠시 이 책은 옆에 두고 ACT 이론의 기본서인 『ACT Made Simple』(Harris, 2009a)이나 『Learning ACT』(Luoma, Hayes, & Walser, 2007)를 먼저 읽어 보길 바란다. 자기계발서 수준의 책은 너무 피상적일 수 있으니 전문 기본서로 읽을 필요가 있다.

이 책은 ACT를 새로 접할 때 내담자와 치료자들이 모두 빠지게 되는 가장 일반적인 어려움들을 다루었으며, 이 내용들은 주로 내가 수년간 수퍼비전을 했던 수련생들을 통해 알게 된 것들이다. 이 책의 내용은 우리와 내담자들이 곤경에 빠졌을 때 어떻게 빠져나올 수 있을지를 보여줄 뿐만 아니라, 그러한 곤경을 어떻게 개인적 성장으로 발전시킬 수 있을지도 보여 준다.

이 책의 제1부인 '난관 극복하기―상담자 편'은 주로 ACT 치료자에 초점을 두었고, 제2부인 '난관 극복하기―내담자 편'은 내담자에 좀 더 초점을 두었다. 하지만 내담자가 곤경에 처할수록 치료자 역시 곤경에 처하고, 또 그 반대의 경우도 가능하므로 두 개의 장이 서로 겹치는 부분들도 있다.

각 장은 유용한 도구, 기술, 전략, 이론들을 담았고, 무료로 내려받을 수 있는 소스의 링크도 제시했다. 그리고 각 장의 마지막에는 다음과 같은 박스가 제시되어 있다.

실험

- 이러한 글상자에는 당신의 기술과 지식을 향상시키는 데 도움이 되는 실험활동을 추천할 것이다.
- 물론 당신이 꼭 이것들을 해야만 하는 것은 아니지만 가능하면 해 볼 것을 희망한다. ACT는 결코 단순히 읽는 것만으로는 배울 수 없다. 실제로 그것을 해야만 한다.

　이상적으로는 당신이 다음 장으로 넘어가기 전에 한 주 동안 각 장의 실험활동들을 할 수 있고, 그렇게 한다면 이 책 전체를 보는 데 석 달에서 넉 달 정도가 걸릴 것이다. 그리고 이렇게 하면 한 주 한 주 지나면서 당신은 다음의 것들을 할 수 있는 방법을 전부 배우게 될 것이다.

- 동기가 없는 내담자들에게 동기를 부여하기
- 회기에서 일어나는 문제행동에 효과적으로 대처하기
- 가장 일반적인 변화의 장애물들을 극복하기
- 저항을 전념으로 전환하기
- 자꾸 주제에서 벗어나는 내담자들을 다시 데려오고 벗어나기 않도록 돕기
- 내담자에게 설명하지 않고도 탈융합을 촉진하기
- 강압적이고, 저항하며, 의무로 온 내담자들을 설득하기
- 가치를 명료화할 때 "잘 모르겠어요." 라고 하는 내담자를 효과적으로 다루기
- 끈질긴 딜레마와 해결 불가능한 문제를 가진 사람들을 돕기
- 그리고 그 외의 훨씬 더 많은 방법들

　자 이제 준비가 되었는가?

　뭘 더 기다리는가?

　이제 페이지를 넘기자.

┃ 차례 ┃

🪵 제1부 난관 극복하기−상담자 편

*11*장   자기 안에 갇혀 있는 상태 • 223

*12*장   내담자에게 동기 부여하기 • 241

제1부

난관 극복하기-상담자 편

제1장
상담자
자기점검

윈스턴 처칠(Winston Churchill) 경의 명언 중에 "성공이란 열정을 잃지 않으면서 하나의 실패로부터 다음 실패로 나아갈 수 있는 능력이다."라는 말이 있다. ACT를 배우는 사람들로서 우리는 이러한 이상(ideal)을 붙들고 나아가면 좋을 것이다. 왜냐하면 우리가 가는 길에 충분히 실패를 맛보게 될 것이기 때문이다.

물론 당신은 이 점을 알고 있을 것이다. 어떠한 복잡하고 새로운 기술을 배울 때 우리는 실패를 경험할 수밖에 없다. 우리는 계속 반복해서 실패할 것이고, 실수를 하면서 배우게 된다. 물론 실수 자체로 끝나면 안 되고 그 실수에 대해 반성(reflect)하는 시간이 필요하다. 우리는 무엇이 성공적이었고, 어떤 것들이 잘 되지 않았는지, 또 다음에는 무엇을 더 혹은 덜 해야 하거나 다르게 해야 할지 평가해야 한다.

상담자가 흔히 겪는 문제들

우리 자신을, 상담 실무자로서 상담에서 뭔가 꽉 막히는 다양한 경로를 찬찬히 살펴보는 것부터 시작해 보자. 우리가 가장 흔히 겪는 문제들을 나열해 보면 다음과 같다(이 중 대부분은 ACT 창시자인 스티븐 헤이스(Steven C. Hayes) 박사의 발표 자료로부터 발췌하였음).

- 일관성 없이 엇갈리는 메시지 전달하기
- ACT를 실천하는 것이 아니라 ACT에 대해 이야기하거나 설명하기
- 기법에 지나치게 열광하기(gung ho)
- 만능 해결사 되려 하기(Mr. Fix-It)
- 경청만 하기(Ms. Good Listener)
- 착한 사람 되려 하기(Mr. Nice Guy)
- 무시 · 멸시하기(Ms. Dismissive)
- 도구 남용하기(Mr. Grab-a-Tool)
- 설득하려 하거나 항상 옳은 사람이 되려고 하기
- 우월한 태도 취하기
- 하나의 과정에만 과도하게 집중하고 다른 과정은 등한시하기
- 이론적 기반이 부족한 채로 있기
- 당신의 ACT 수퍼바이저 흉내 내기

일관성 없이 엇갈리는 메시지 전달하기

ACT 입문 단계에 있는 많은 상담자가 내담자에게 엇갈리는 메시지를 전달한다. 예를 들어, 불안을 수용하게끔 하는 연습 활동을 한다고 치자. 내담자가 "오, 이제 훨씬 나아진 것 같아요. 저의 불안이 모두 사라졌어요."라고 말할 때 우리는 "그거 정말 잘 되었네요!"라고 반응할 수 있다. 이것은 마치 연습 활동의 목적이 불안 감소였다는 메시지를 전달한다. 즉, 내담자는 '수용' 기법을 활용할 수 있게 되지만 그것을 자신의 불안을 없애려는 시도로 사용하게 되고, 결국 다시 경험 회피의 길로 돌아서는 결과를 초래한다.

다른 예로, 어떤 내담자를 부정적인 자기평가로부터 탈융합하도록 돕고자 하는 상담자가 다른 장면에서는 자아존중감을 높여 주기 위해서 긍정적인 평가와의 융합을 격려할 수도 있다. 이것은 애초에 내담자의 괴로움을 증가시켰던 동일한 덫, 즉 개념적 자기와의 융합에 계속 갇혀 있도록 만드는 것이다.

ACT를 실천하는 것이 아니라 ACT에 대해 이야기하거나 설명하기

우리는 차를 운전하거나 케이크를 만들거나 자전거를 타거나 서명하는 것을 단순히 그것에 대해 이야기하는 것만으로는 배울 수 없다. 이러한 기술들을 배우려면 직접 연습해 보는 방법밖에 없다. ACT를 하는 데 필요한 기술들도 앞의 예시와 마찬가지로 상담 회기

내에서 직접 연습해 봐야 한다. 처음 ACT를 활용하고자 하는 대부분
의 상담자는 기법을 배우는 것을 매우 어려워하며 의식적으로든 무
의식적으로든 피하려고 한다. (적어도 나 스스로가 그랬다는 것은 분명
하다!) 결국 우리도 우리가 만나는 내담자들처럼 불안을 느끼는 것을
싫어하며 경험을 회피하려고 한다. 상담 회기를 대화로 채워 넣는 것
이 내담자에게 적극적인 심리 활동 연습—특히, 내담자가 불편해할
것 같은—에 참여할 것을 요청하는 것보다 우리를 훨씬 덜 불안하게
한다. 우리가 이야기를 하는 것이 틀렸다는 것은 아니지만 여기서의
문제는 이를 통해 우리가 ACT를 실천하기보다는 ACT에 대해 이야
기하게 된다는 것이다. (이러한 현상은 수퍼비전 회기에서 수련생이 "내
담자와 수용에 대해 논의했어요."라고 하거나 "우리는 탈융합에 대해 이야
기했습니다."라고 말할 때 드러난다.)

내담자가 ACT를 배우게 하려면 우리는 상담 회기 내에서 핵심
ACT 과정들을 모델링하고 선동하며 강화해야 한다. 즉, 우리는 '경
험' 모드로 들어가야 한다. 그렇기 때문에 우리는 되도록 잡담을 줄
이고, 설명을 최소화하며, 가르치려고 하기보다는 간단한 비유나 경
험적 활동들을 활용해야 한다.

ACT를 실천하지 못하고 ACT에 대해서 이야기만 하고 있다는 것
을 알아차리게 되었을 때 우리는 "죄송합니다. 지금 보니 우리는 이
야기만 많이 하고 그 어떤 것도 행동으로 옮기려는 시도를 하지 않았
군요. 기타에 대해 이야기하거나 생각하는 것으로는 기타 치는 법을
배울 수 없지요. 실제로 기타를 들고 치기 시작해야 합니다. ACT도
마찬가지예요. 이제 실제로 연습을 해 볼까요?"라고 해야 한다. 그러

고는 가치 명료화(values clarification), 목표 수립(goal setting) 혹은 마음챙김(mindfulness)과 같은 적극적인 활동으로 들어갈 수 있다.

이와 더불어 우리는 내담자가 각 회기 사이에 시도해 볼 수 있는 행동(연습해 볼 수 있는 기법, 가치에 부합하는 단계별 행동 등)에 전념하는 것으로 회기를 마무리 짓도록 해야 한다. 여기서 팁 하나를 제공하자면 '숙제'라는 단어를 쓰지 않을 것을 권장한다. 내담자들은 대개 숙제를 좋아하지 않는다. 대신, "한번 해 보세요." "시도해 보시죠." "이렇게 연습해 보세요." 혹은 "실험해 보시고 어떤 일이 벌어지는지 한번 보세요."라고 이야기할 수 있다.

그 다음 회기를 시작할 때에는 내담자의 전념 행동을 검토하는 것으로 시작한다. 끝까지 잘 이행하였는가? 만약 그랬다면 그 경험은 어떠했나? 만약 그렇지 못했다면 무엇이 방해가 되었나?

기법에 지나치게 열광하기(gung ho)

말을 너무 많이 하는 것의 폐해는 내담자의 고통을 타당화하고 공감하기 이전에 적극적인 개입으로 너무 빨리 넘어가는 것이다. 고백하건대, 나도 처음 ACT를 시작할 때 이런 실수를 자주 범했다. 그 놀라운 탈융합 기법에 대해 너무 흥분한 나머지 성급하게 기법을 사용하였고, 그 과정에서 내담자를 충분히 공감하고 타당화해 주지 못했다.

만능 해결사 되려 하기(Mr. Fix - It)

만능 해결사처럼 행동하는 방법은 매우 다양하다. 예를 들어, 성급하게 조언을 던지고, 과도하게 지시적으로 행동하거나, 내담자의 문제를 대신 해결해 주려고 할 수 있는데, 이것은 모두 궁극적으로는 내담자의 힘을 빼앗는 결과를 낳는다. 이와 반대로 우리는 잠시 멈추어 천천히 '귀 기울이며', 현실에 완전히 초점을 두고, 이 책의 제2부에서 제시되는 전략들을 활용하여 내담자가 자신의 문제를 스스로 해결할 수 있도록 공간을 만들어 주어야 한다.

경청만 하기(Ms. Good Listener)

우리는 자칫 적극적으로 경청만 하고 다른 것은 특별히 하지 않는 경우가 많다. 내담자는 누군가가 자신의 이야기를 듣고 이해하고 있다는 느낌을 받을 수 있고, 상담자는 안일한 상태를 유지할 수 있기 때문에 양쪽 다 만족스러울 수 있다. 단기적으로는 말이다. 하지만 그런 과정을 통해서는 회기 안에서든 회기 밖에서든 ACT가 거의 이루어지지 않는다. 그리고 장기적으로 내담자가 자신의 심리적 유연성을 증진시킬 가능성은 희박하다. 따라서 말을 너무 많이 하거나 과도한 설명을 하는 경우처럼 지나치게 경청만 하는 경우에도 유사한 조언이 필요하다. 회기 중에 적극적으로 ACT를 활용하라(Get ACT-ive in session)! 물론 우리는 여전히 공감과 존중의 자세로 열심히 내담자의 이야기를 경청할 것이다. 그러나 이와 더불어 각 회기에서

ACT의 과정들을 모델링하고 실시하며 강화해야 한다.

착한 사람 되려 하기(Mr. Nice Guy)

혹시 당신이 회기 중에 내담자가 보이는 문제 행동을 다루지 않고 반복되는 것을 허용하고 있지는 않은지 생각해 보라. 내담자가 과거를 되풀이하게 내버려 두는 식으로 말이다. 사실 이것은 상당히 흔한 일이며 거의 모든 상담자가 때때로 이런 행동을 한다. 우리는 우리가 만나는 내담자들을 불편하게 하는 것을 두려워하여 착한 사람 역할을 하려고 한다. 우리는 이를 악물고 고상하게 미소를 지으면서 어떤 문제 행동이 내담자의 발전에 방해가 되더라도 그것을 그냥 허용하기도 한다. (제8장에서는 어떻게 하면 회기 중에 내담자의 문제 행동을 공감과 존중의 자세로 중단시킬 수 있는지를 다룬다.) 또 내담자가 너무 불편해하지는 않을까 하는 두려움 때문에 실험적 연습 활동(experiential exercises)을 피하는 상담자가 있을 수 있다. 이런 경우에 다음의 치과 치료 장면의 예시가 도움이 될 것이다.

상담자: 당신의 치아가 썩어 치과에 갔어요. 병원에서는 우아한 음악이 흐르고 있고, 치과 의사는 센스 있는 유머로 당신을 즐겁게 하지요. 의사는 당신의 건강한 치아를 꼼꼼히 점검하지만 썩은 치아는 무시해요. 당신이 유쾌하고 고통 없는 경험을 하기 원하기 때문이지요! 이것은 당신이 치과를 방문할 때마다 반복돼요. 결국 썩은 이는 상태가 악화되어 잇몸에 농양까지 생겼습니다. 그렇지만 의사의 손

길은 여전히 썩은 이의 근처에도 가지 않아요. 왜요? 그는 당신이 고통이나 불편함을 느끼기를 원치 않거든요. 자, 당신은 이런 의사에게 만족을 느낄까요?

내담자: (웃으며) 그럴 리가 없지요!

상담자: 구강 건강을 위해서는 썩은 이를 치료해야 합니다. 아파도 말이죠. 그렇지요? 여기서 우리가 하는 작업도 마찬가지예요. 더 나은 삶을 만들어 가기 위해서는 불편할 수도 있는 일들을 해야 할 때가 있어요. 지금 저는 당신이 좀 불편해할 수도 있는 연습 활동을 제안할까 해요. 물론 제가 이것을 제안하는 이유는 당신이 이것을 기꺼이 시도해 본다면 당신의 삶에 의미 있는 변화를 가져다 줄 유용한 것을 얻을 수 있을 거라는 믿음이 있기 때문이에요.

무시 · 멸시하기(Ms. Dismissive)

ACT 상담자로서 우리는 내담자에게 철저히 상냥하고 존중하는 자세를 가지려고 한다. "그건 그냥 느낌일 뿐이에요." "그건 그냥 감정일 뿐입니다." 혹은 "그건 그저 이야기일 뿐이죠."라고 말하기 시작한다면 우리는 상당히 거만하고 무정하게 보일 것이다. 특히, 괴짜 같은 탈융합 기법은 자칫하면 내담자들에게 매우 비공감적으로 들릴 수 있기 때문에 그것을 사용할 때에는 특별히 조심해야 한다. 예를 들어, 나는 많은 내담자에게 "마음아, 그 생각을 주어 고마워."라고 말하도록 하지만 어떤 내담자들에게는 절대로 그런 요청을 하지 않는다. 심각한 외상이나 장기적인 학대를 경험한 피해자들에게는 이러한 말이 무시 혹은 멸시하는 것처럼 들릴 수 있다.

도구 남용하기(Mr. Grab – a – Tool)

상담 회기에서 무엇을 목표로 하고 있는지 잘 모를 때, 우리는 재빨리 ACT 연장 세트(tool kit)를 꺼내 어떤 명확한 전략도 없이 무작위로 도구와 기법을 사용하고는 뭐라도 되길 바란다. (이것은 소위 '비유 남용'으로 나타날 수 있다. 상담자는 비유 상자를 열어 이런저런 비유를 내담자에게 던지면서 그에게 뭐라도 와닿기를 바라는 경우이다.) 만약 당신도 이런 경향이 있다면 사례 개념화를 다루는 제2장과 행동의 기능을 확인하는 것을 다루는 제4장이 특별히 도움이 될 것이다.

설득하려 하거나 항상 옳은 사람이 되려고 하기

우리는 자칫하면 ACT에 대해 지나치게 열정을 가지고 ACT에 대해 우리 자신만큼 아는 사람이 없다고 확신하면서 ACT스러운(ACT-consistent) 성과에 대한 욕구와 융합되기 쉽다. 만약 내담자를 설득하려는 자신의 모습을 발견하였다면 다음에 제시된 예시처럼 잠시 멈추고 사과하는 것이 좋다.

상담자: 정말 미안해요. 제가 지금 뭘 하고 있었는지 깨닫게 되었네요. 여기서 잠시 '일시 정지' 버튼 좀 누를 수 있을까요? 제가… 제가 생각하는 방식이 당신에게도 좋을 거라고 설득하는 데 엄청난 노력을 기

울이고 있었다는 게 보이네요. 당신은 나의 신념을 강요받기 위해 여기에 온 것이 아닌데 말이죠. 정말 미안합니다. '되돌리기'를 눌러서 저의 설득이 시작되기 전인 5분 전으로 돌아갈까요?

물론 ACT에 대해 열정적인 것은 좋다. 하지만 내담자들 자신이 ACT 방식을 택할 것인지, 또는 택하지 않을 것인지를 자유롭게 결정할 수 있도록 허락하자.

우월한 태도 취하기

내담자를 온전하고 완전한 인격체로서 존중하는 대신 임상적 진단의 관점에서 바라볼 때 우리는 우월한 위치에 자리 잡게 된다. 이런 일이 벌어지면 우리는 곧장 내담자가 망가진 것이 아니라 그저 어딘가 막혀 있는 것이라는 ACT의 입장을 기억하는 것이 중요하다. 이 점을 유념하지 않으면 쉽게 잊어버린다.

우월한 위치는 거만스럽거나 독선적인 태도 혹은 혼자 전문가인 듯 행동하는 것으로 나타날 수 있다. 이것은 "괜찮아질 거예요." "이겨 낼 수 있을 거예요." "좋아질 거예요." "대처할 수 있을 거예요." 등 안심시켜 주는 식의 형태로 드러날 수도 있다. 이런 식으로 내담자에게 이야기할 때 우리는 우리 자신을 내담자 위에 두고 마치 부모가 아이에게 하듯 "내가 가장 잘 안다."라고 말하게 된다. 이것은 개방적이고 존중하는 태도로 고통받는 내담자와 함께함으로써 자연스럽고 부드럽게 제공되는 비언어적인 안심시켜 주기와는 완전히 다르다.

하나의 과정에만 과도하게 집중하고 다른 과정은 등한시하기

우리가 이전에 받은 훈련은 어떻게 ACT를 시행할지에 영향을 준다. 만약 우리가 정서를 다루는 모델에 치중하여 훈련을 받았다면 ACT 모델 중 정서와 관련된 측면을 과도하게 강조하는 동시에 가치나 목표, 전념 행동 요소들은 소홀히 할 수 있다. 반대로, 인지에 초점이 맞추어진 모델을 토대로 훈련을 받았다면 인지적 탈융합을 강조하고 정서적 수용은 등한시할 수 있다. 그래서 우리는 우리가 가지고 있는 편향을 인식하고, 가장 불편해하거나 익숙하지 않은 과정들에 대한 경험을 쌓아 가는 것이 바람직하다.

이론적 기반이 부족한 채로 있기

ACT는 행동 분석에 기반한 치료법이고, 행동 분석의 기본적인 원리만 이해하고 있어도 우리의 ACT 역량에 도움이 된다. 그러나 우리가 행동 분석에 대해 전혀 알지 못하면 쉽게 어려움에 빠질 수 있다. 행동 분석의 가장 중요한 원리들을 소개하는 제3장과 제4장은 이 책의 나머지 부분의 소중한 기초가 되어 주는 장이기 때문에 건너뛰지 않을 것을 권장한다.

당신의 ACT 수퍼바이저 흉내 내기

내가 처음 ACT를 시작했을 때에는 스티브 헤이스를 그대로 따라 하려고 노력하였다. 그가 말하는 방식과 개입의 유형, 그리고 그가 즐겨 활용하는 연습 활동을 따라 했다. 물론 그런 과정을 통해 나는 많은 것을 배웠지만 사실 나에게 잘 맞는 상담 스타일은 아니었다. 그다음으로 나는 또 다른 ACT 선구자인 캘리 윌슨(Kelly Wilson)을 모방했었고, 결과는 같았다. 물론 많이 배우기는 했지만 캘리가 하는 방식으로 ACT를 하는 것은 나의 성격과 맞지 않았다. 그러던 어느 날, 나는 "있는 그대로의 당신이 되어라. 다른 사람은 벌써 임자가 있는 몸이다."라는 말을 듣게 되었다. 그 후로 나는 나 자신의 말투와 상담 스타일을 사용하고 스스로 연습 활동들과 개입 방법을 개발하면서 나만의 ACT 방식을 찾아 갔다.

당신도 이 책을 활용하면서 당신의 스타일과 당신이 만나는 내담자군을 고려하여 언어를 수정해 나갈 것을 권장한다. 책을 읽으면서 당신이 달리 표현하거나 배열하거나 전달할 것 같은 부분이 있다면—혹은 다른 비유, 연습 활동, 질문, 활동지, 도구 혹은 기법을 생각해 낼 수 있다면—당신의 선호를 따르길 바란다. ACT를 자신만의 것으로 만들어 당신 특유의 방식을 찾기를 바란다.

상담자 융합과 회피

우리가 원하는 방식으로 내담자가 반응하지 않을 때, 우리는 종종 우리 자신과 내담자 혹은 ACT 모델 자체에 대해서 매우 비판적이고 도움이 안 되는 생각과 융합될 때가 있다. 그리고 우리는 그것이 가져오는 고통스러운 감정들과 씨름을 한다.

실제로 이 장에서 논의된 문제들은 대부분 상담자 융합과 회피에 기인한 것이다. 예를 들어, 착한 사람이 되고자 하는 마음은 주로 "나는 내담자에게 불편함을 줘서는 안 돼."라는 생각과의 융합, 그리고 문제 행동을 직면할 때 엄습하는 불안감에 대한 경험 회피를 모두 수반한다. 그렇기 때문에 모든 ACT 관련 저서가 상담자가 스스로에게 ACT를 적용할 것을 강조하는 것이다. 우리는 우리 자신이 가지고 있는 도움이 되지 않는 생각들과 탈융합하고, 스스로 느끼는 불편함에 대한 마음의 공간을 만들고, 가치에 따라 행동하며, 내담자와 온전히 함께할 때 가장 강렬한 치료적 라포를 형성할 수 있다.

생각할 거리

이 장이 당신에게 생각할 거리를 제공하였기를 바라며 윈스턴 처칠 경의 또 다른 명언으로 마무리를 짓고자 한다. "성공은 최종적이지 않다. 실패는 치명적이지 않다. 중요한 것은 끊임없이 앞으로 나아갈 용기이다.”

이 지혜의 말은 ACT에 특별히 잘 적용된다. 어쨌든 몇몇 내담자들은 물에 들어간 오리처럼 아주 자연스럽게 ACT를 터득한다. 이런 내담자들은 우리가 가치 작업을 조금 하고, 목표를 설정하고, 거기에 탈융합을 약간 얹으면 ‘짠!’ 하고 살아나고, 성장하고, 발전한다. 그것을 보면서 우리는 흐뭇하게 웃으며 “ACT가 정말 되는구나!”라고 생각하게 된다.

하지만 “성공은 최종적이지 않다”. 어떤 내담자들은 ACT를 좋아하지 않거나 이에 반응하지 않는다. 이런 사람들과 작업하는 것은 콘크리트를 깎아 내는 과정과 비슷하다. 다행히 “실패는 치명적이지 않다”. 만약 내담자가 반응이 없다면 다른 상담 모델을 기반으로 작업하는 상담자에게 의뢰할 수 있다. 물론 나는 세상의 모든 사람이 ACT에 잘 반응한다면 너무 좋겠다. 하지만 그것은 비현실적인 바람이다. 완벽주의적인 요구 사항과 과도한 기대를 내려놓고 이것만을 기억하자. “중요한 것은 끊임없이 앞으로 나아갈 용기이다.”

영어로 ‘용기(Courage)’라는 단어는 ‘심장’이라는 라틴어 ‘cor’로부터 유래되었다. 즉, 용기란 우리의 심장에 있는 그 무엇을 한다는 의미라고 할 수 있다. 만약 우리가 계속 앞으로 나아갈 용기를 기른다면—실패와 실수로부터 배울 수 있다면, 무엇이 잘못되었고 잘되었는지 비판단적으로 돌아볼 수 있다면, 잘못을 했을 때 스스로에게 너그러울 수 있다면, 계속 지식과 기술을 개발하는 데 노력을 기울일 수 있다면—우리는 점차 더욱 많은 성공을 맛보고 실패는 줄어들게 될 것이다.

만약 ACT가 당신에게 깊은 수준에서 와닿는다면, ACT가 당신의 심장과 더 가까이 있도록 하고 정말 중요한 것들을 하도록 한다면, 당신이 스스로의 문제에 ACT를 적용하여 삶의 도전에 반응하는 방법이 변화되도록 한다면, ACT 모델에 대한 신뢰와 자신감을 상담 장면에 가져간다면, 당신은 이미 더 나은 ACT 상담자로 가는 길목에 깊숙이 들어와 있는 것이다.

실험

- 앞으로 한 주 동안 이 장에서 다루어진 함정들 중 어떤 함정에 빠지는 경향이 있는지 지켜보고 그 상황을 바로잡을 수 있는지 보라. (만약 바로잡을 수 있는 방안이 전혀 생각나지 않는다 해도 문제가 되지 않는다. 이 책의 후반부로 갈수록 그 방안이 더 명확해질 것이다.)
- 만약 당신의 마음이 당신이 아직 불충분하다고 비난하고 있다면 당신은 '형편없는 상담자' 이야기를 기억하는 그 마음을 고맙게 여기고, 스스로 자유롭게 풀고, 지금 이 순간에 있어 보자.

제2장
상담의 방향 잡기

내담자와 무엇을 이루어 내려는지 정확히 모르겠다는 생각이 들고, 상담에서 길을 잃은 느낌 또는 혼란스러운 감정을 느껴 본 경험이 있는가? 그렇다면 우리는 모두 비슷한 처지에 있다. 특히, ACT를 처음 접하는 상담자들에게는 매우 흔한 현상이다. 다행히도 사례 개념화에 익숙해진다면 ACT가 좀 더 명확해지는 것을 느낄 것이다.

사례 개념화의 기초

ACT는 매우 융통성 있는 상담 모델이다. 어떤 회기에서 어떤 내담자를 만나든 ACT 모델의 육각형(hexaflex)의 어느 시점에서 시작해도 괜찮으며, 만약 한 시점에서 걸리게 되면 그저 다른 시점으로 이동하면 된다. 하지만 좀 더 구조화된 것을 편하게 생각하는 ACT 초

보 상담자들에게는 이러한 융통성이 오히려 불안을 야기할 수 있다. 실제로, 이 모형을 배우면서 우리는 대개 "그런데 어디에서부터 시작하지?"라는 생각과 융합이 된다. 따라서 기초적인 것들을 좀 더 생각해 보는 시간을 가져 보자. 첫째, 어느 회기에서의 그 어떤 시점에서도 우리는 다음의 두 가지 행동을 한다.

- 내담자와 함께하는 시간 동안에 심리적 유연성 증진하기
- '목표 지점'에 도달하기 위해 노력하기(이 과정이 이루어질 수 있도록 작업 동맹을 형성하거나 상담실 밖에서 연습할 수 있도록 지원해 주기)

대체로 우리는 두 번째로 언급된 작업, 즉 내담자의 과거 경험을 공감적이고 조심스럽게 알아보는 시간을 통해 내담자와 작업 동맹을 형성하는 것을 먼저 한다. 이 과정에서 완성되는 사례 개념화는 첫 번째 작업인 '내담자의 심리적 유연성 키우기'를 하기 위해 활용된다.

어느 회기에서든 우리는 다음의 두 가지 질문 사이를 오간다.

- 내담자가 나아가고자 하는 가치 있는 방향은 어떤 방향인가?
- 무엇이 내담자를 가로막고 있는가?

만약 첫 번째 질문에 대한 답이 불분명하다면 우리는 내담자의 가치를 명료화하고 목표를 설정하는 작업을 해야 한다. 만약 첫 번째

질문에 답을 할 수 있다면 우리는 두 번째 질문으로 넘어갈 수 있다. 이 시점에서 우리는 가치 있는 삶을 사는 것을 가로막는 네 가지 방해물 '융합(fusion), 회피(avoidance), 비참여(disengagement), 비효율적인 행동(unworkable action)'을 접하게 된다.

첫 번째 질문(내담자가 나아가고자 하는 가치 있는 방향은 어떤 방향인가?)을 다룰 때에는 다음의 요소들을 부분적으로나 전체적으로 포함시켜야 한다.

- 가치 명료화
- 목표 설정
- 전념 행동
- 기술 훈련
- 건설적인 문제 해결

두 번째 질문(무엇이 내담자를 가로막고 있는가?)을 다룰 때에는 다음 요소들을 부분적으로 혹은 전체적으로 포함시켜야 한다.

- 생각이나 감정과 같은 내적 걸림돌의 경우
  - 융합 → 탈융합하기
  - 회피 → 수용하기
  - 비참여 → 현재와 접촉하기
- 외적 걸림돌의 경우
  - 가치 명료화

－목표 설정

－전념 행동

－기술 훈련

－건설적인 문제 해결

어떤 독자들은 '기술 훈련'이 포함되는 것에 대해 조금 놀랄 수도 있지만, 사실 이 부분은 전념 행동이라는 기치 아래 ACT 모델의 한 부분으로 항상 포함되어 있었다. 많은 내담자는 목표 설정, 계획, 시간 관리, 자기위로, 자기주장, 의사소통, 협상, 갈등 해소와 같은 중요한 생활 기술 측면에서 부족하다. 그렇기 때문에 상담자는 내담자가 더욱 풍요롭고 의미 있는 삶을 살기 위해 어떠한 기술을 좀 더 배우거나 개발하거나 효과적으로 적용할 수 있다고 판단되면 그러한 기술을 개발할 수 있도록 적극 도와야 한다. 상담자는 상담 회기 내에서 필요한 기술 훈련을 직접 실시하거나 다른 외부 경로(예: 책, 웹사이트, 교육과정)로 안내할 수 있다. 물론 이러한 훈련을 시행하기에 앞서 여러 형태의 저항["너무 힘들어요." "너무 무서워요." "시간(돈, 인내력, 의지력 등)이 없어요." 등]이 있을 수도 있으며, 이때 상담자는 탈융합, 수용, 기꺼이 경험하기, 가치 등을 통해 저항을 다루어야 한다.

또한 어떤 독자들은 '건설적인 문제 해결'이 앞의 목록에 포함되어 있다는 사실에 놀랄 수도 있다. 특히, 여러 마음챙김 개입이 구체적으로 문제 해결의 관점을 저지하고 대체하려고 한다는 점을 고려했을 때 더욱 그렇다. 예를 들어, 반추하기와 걱정하기는 기본적으로 내담자가 다람쥐 쳇바퀴 돌 듯이 과거의 고통스러운 문제들을 해결하려고 시도하는 식으로 '문제 해결'이 잘못되었을 때 나타난다.

하지만 재정적, 법적, 사회적, 의학적인 문제를 해결해야 하는 상황에서처럼 건설적인 문제 해결이 큰 도움이 되는 경우도 종종 있다. 내담자에게 효과적인 문제 해결 기술이 결여되어 있다면 일상에서의 요구와 도전에 대처하는 데 어려움을 겪을 것이다. 이러한 결손은 경계선 성격장애와 우울증에서 중요하게 작용을 한다.

간략 사례 개념화 연습 활동지

지금은 상담자 자신이 약간의 기술 훈련을 해 보는 시간이다. 다음에 제시된 간략한 사례 개념화 연습 활동지를 한번 보자. 본 활동지를 30부 정도 복사해서 당신이 만나는 30명의 내담자 사례 개념화를 위해 사용할 것을 권장한다. 그렇게 한 후에도 ACT를 실시하는 것이 훨씬 수월해지지 않는다면, 그건 정말 놀랄 만한 일일 것이다.

다음 활동지를 책에서 바로 복사하거나 나의 웹사이트(www.actmindfully.com.au)의 자료 페이지에서 내려받을 수 있다. [참고로 이 활동지는 나의 다른 책 『쉬운 수용전념치료 (ACT Made Simple)』에서 제시한 것의 업데이트된 버전이다. 만약 그 활동지를 사용하고 있었다면 이 새로운 버전을 사용할 것을 권장한다.]

이 활동지는 다음 두 핵심 질문을 다루고 있는 것으로 볼 수 있다.

① 내담자가 활기찬 삶을 살아가는 데 있어 방해가 되는 것은 무엇

인가?

② 내담자가 나아가고자 하는 가치 있는 방향은 어떤 방향인가?

간략 사례 개념화 연습 활동지

1. 내담자가 묘사한 자신의 주된 문제(들):

2. 상담이나 코칭에서 내담자가 바라는 점은 무엇인가?

3. 더욱 풍요롭고 충만하며 의미 있는 삶을 방해하는 외적(심리적 장애물이 아닌) 장애물:
   (예: 법적, 사회적, 의학적, 재정적, 직업적 문제)

4. 활기찬 삶을 살아가는 데 있어 방해가 되는 것은 무엇인가?

① 비효율적 행동: 내담자가 취하고 있는 비효율적 행동은 무엇인가?
   (내담자의 삶을 악화시키거나 불행에 갇혀 있도록 만들고 있는 내담자의 행동은 무엇이 있는가?)

② 융합: 내담자는 무엇과 융합되고 있나?

　[이유, 규칙, 판단, 과거, 미래, 자기기술(self-description) 등과 같은
　것들과 역기능적인 융합이 되어 있는지 확인하라. 내담자가 말하는
　것 중에 당신을 당혹스럽게 하는 것은 모두 포함시켜라. 걱정이나 반
　추처럼 구체적인 사고, 주제, 도식, 과정을 포함시켜라.]

③ 경험 회피: 내담자가 내적으로 회피하고 있는 것은 무엇인가?

　(내담자가 피하거나 없애고 싶어 하거나 꺼리는 생각, 느낌, 기억, 욕
　구, 감각, 감정은 무엇이 있는가?)

5. 내담자가 나아가고자 하는 가치 있는 방향은 어떤 방향인가?

　(내담자에게 가장 중요해 보이는 삶의 영역은 어떤 영역인가? 그 영역
　안에서 중요해 보이는 가치들은 무엇인가? 내담자가 이미 하고 있거나
　실행으로 옮기고 싶어 하는 가치−일치적인 목표와 활동은 무엇인가?
　어려움에 처했을 때 무엇이 내담자를 버티게 하는가?)

6. 자유롭게 생각해 보기

　(다음 회기에서 당신이 활용할 수 있는 질문, 연습, 활동지, 은유, 도
　구, 기법, 전략은 무엇이 있는가? 내담자가 이미 가지고 있는 강점과
　내적 자원 중 활용 가능한 것은 무엇이 있는가? 외적 장애물을 약화시
　키기 위해 기법 훈련이나 문제 해결이 요구되는가?)

초기 질문들

이 활동지는 자신의 주된 문제나 문제들에 대한 내담자의 묘사로 시작한다. 이 과정을 통해 우리는 내담자가 스스로 자신의 문제를 어떻게 개념화하고 있는지와 우리의 관점이 다르다는 것을 깨닫고 이해하게 된다.

이후, 활동지는 "내담자가 상담이나 코칭으로부터 바라는 것은 무엇인가?"라는 질문을 던진다. 예를 들어, 불안이나 우울해하지 않기 혹은 행복감이나 자신감 느끼기와 같은 정서적인 목표를 가지고 있는가? 담배 끊기, 운동 시작하기, 관계 개선하기 등의 행동적 목표를 가지고 있는가? "나는 왜 이럴까?" 혹은 "왜 계속 이럴까?"와 같은 질문에 대한 답을 찾기 위한 통찰 목표를 가지고 있는가? 돈 벌기, 집 사기, 배우자 찾기, 일자리 구하기 등의 물질적 목표가 있는가? 이것은 중요한 정보이다. 만약 이 질문에 대한 답을 하지 못한다면 우리는 다음 회기에서라도 내담자에게 물어보아야 한다.

다음으로 본 활동지는 활기차고 풍요로운 삶을 사는 데 방해가 되는 외적 장애물에 대한 질문을 한다. 즉, (융합과 회피와 같은 내적 장애물이 아닌) 외부 환경에 우선적으로 있는 장애물에 관한 질문이다. 내담자는 법적 문제, 재정적 문제, 사회적 문제, 의학적 문제, 직업 문제 혹은 더 나아가 극단적인 경우에는 의식주와 같은 기본적인 생존 문제를 가지고 있는가? 어떤 경우에는 이런 외적 장애물들을 먼저 다루어야 할 수도 있다. 이것은 모두 건설적인 문제 해결과 가치에 근거한 실천 방안을 필요로 한다. 많은 경우, 기술 훈련 또한 요구된다.

활기찬 삶을 살아가는 데 방해가 되는 것은 무엇인가?

다음으로 활기차고 의미 있는 삶을 가로막는 내적 심리적 방해물들을 탐색한다. 이 부분에는 비효율적인 행동, 융합, 경험 회피를 다루는 세 개의 세부 항목이 있다.

비효율적인 행동

비효율적인 행동에 관한 부분에서는 장기적으로 내담자의 삶을 악화시키는 모든 것을 기록한다. 이것은 그가 미루고 있는 것이나 지속적으로 피하고 있는 것, 과도하거나 부적절한 도박, 약물 남용, 사회적 철회나 고립과 같은 자기패배적인 습관, 무심하거나 충동적이거나 반응적인 행동 등을 포함한다. 여기서는 표면화된 회피를 기록하므로 내담자가 능동적으로 피하고 있는 중요한 사람, 장소, 활동 혹은 상황을 기록한다.

융합

융합에 관한 부분에서는 내담자가 하는 말 중 우리로 하여금 당혹감, 공포, 분노, 막막함 혹은 불안을 느끼게 하는 모든 것을 기록한다. (결국 우리가 융합되어 있는 것들은 내담자도 마찬가지로 그럴 가능성이 높다!) 또한 융합의 여섯 가지 주요 범주(이유, 규칙, 판단, 과거, 미래, 자기기술과의 융합)에 속하는 사고 과정을 기록한다. "난 패배자야."와 같은 구체적인 생각이나 걱정 혹은 반추와 같은 생각의 범주 또한 기록할 수 있다.

경험 회피

경험 회피란 생각과 느낌과 같이 우리 내부에 있는 어떤 것들을 피하는 행동을 의미한다. 내담자가 어떠한 특정 느낌, 생각 혹은 기억을 멈추고 싶다고 이야기한다면 우리는 이러한 사적 경험들을 이 부분에 적는다. 외부 환경에 있는 사람, 장소, 상황 등을 피한다면 그것은 표면적 회피로 분류되며 앞의 '비효율적인 행동' 부분에 해당된다.

경험 회피에 관한 부분에서는 내담자가 피하거나 도망가거나 없애려고 시도하고 있는 감정, 생각, 느낌, 충동, 기억, 감각, 욕구 등과 같은 사적 경험들을 찾아낸다. 내담자가 이러한 경험들을 피하려고 취하는 행동들(예: 약물 복용)은 '비효율적인 행동' 부분에 해당되는 것임을 기억하길 바란다.

사람들은 종종 그들이 피하려고 하는 생각, 기억 혹은 내적 경험과 융합된다는 점을 기억해야 한다. 만약 "이게 회피인가, 융합인가?"라는 의문점이 생긴다면 아마도 둘 다일 가능성이 높기 때문에 '융합'과 '경험 회피' 부분에 모두 기록한다.

어쩌면 초반에는 내담자가 피하고자 하는 사적 경험이 무엇인지 추측할 수밖에 없는 경우가 있을 수 있다. 이런 경우에는 내담자가 원하는 삶에 방해가 되고 있다는 감정, 느낌, 감각, 욕구, 기억 혹은 생각을 먼저 기록하는 것이 도움이 될 것이다. 예를 들어, 내담자가 "저는 X, Y, Z를 하고 싶은데 불안해서 할 수가 없어요."라고 말한다면 내담자는 명백히 불안을 회피하거나 없애고 싶어 하고 있다. 내담자가 "술을 마시고 싶은 욕구가 너무 강해서 그만 마실 수가 없어요."라고 말한다면 그는 명백히 그의 욕구를 회피하거나 없애고 싶어하는 것이다. 만약 내담자가 거절에 대한 두려움 때문에 친밀한 관계를 원하면서도 맺지 못하고 있다면 우리는 이 부분에 '거절에 대한 두려움'이라고 적으면 된다. 따라서 내담자가 지향하는 목표나 행동 경로를 언급하면 "무엇이 당신을 가로막나요?"라는 질문이 유용할 것이다. 대개 이 질문에 대한 답은 내담자의 경험 회피를 드러낸다.

이와 더불어 우리는 내담자의 감정적 목표("자신감을 더 갖고 싶어요." 혹은 "더 행복해지고 싶어요.")에 관심을 기울여야 한다. 이것은 "나에게 중요한 것들을 하려면 먼저 자신감이 더 있어야 해."와 같은 규칙과의 융합이기 때문에 '융합' 부분에 기록해도 된다. 하지만 감정적 목표는 주로 내담자가 피하고자 하는 생각과 느낌을 가리킨다. 예를 들어, 자신감 증진을 원하는 내담자는 대체로 불안, 자기의심, 실패에 대한 두려움을 피하려고 하며, 이런 경우에 우리는 그의 생각과 느낌을 '경험 회피'에 기록해 둔다.

내담자가 나아가고자 하는 가치 있는 방향은 어떤 방향인가?

활동지 후반에는 내담자에게 중요한 삶의 영역들(예: 자녀 양육, 일, 우정, 결혼, 환경, 여가, 건강)을 확인한다. 이것이 명확하지 않다면 내담자가 초점을 두고 있는 삶의 영역을 고려해 볼 수 있다. 그녀는 무엇에 대해 분노 혹은 불안해하거나 불평하거나 죄책감을 느끼거나 깊이 생각하는가?

다음, 그 영역에서 내담자에게 중요해 보이는 가치들이 무엇이 있는지 살펴본다. 내담자의 가치를 기록하기 어렵다면 그 어려움 자체가 유용한 정보이며, 이것은 우리가 내담자와 함께 가치 명료화 작업을 해야 한다는 것을 알려 준다. 그 작업을 하기 전까지는 내담자의 가치를 추측해 보고, 다음 회기에서 그 추측이 맞는지 확인해 본다. 또한 우리는 내담자가 해당 영역에서 이미 어떤 중요한 목표를 갖고 있거나 의미 있는 활동을 진행하고 있는지 살펴본다. 만약 그렇다면 그와 관련된 가치가 어떤 것들이 있을까?

　강렬한 감정은 주로 중요한 가치와 연관되어 있다는 것을 기억해 두자. 내담자에게 할 수 있는 유용한 질문은 "마음속 가장 깊은 곳에서부터 이 감정은 당신에게 무엇이 중요하다고 이야기해 주고 있나요?"이다.

자유롭게 생각해 보기

　활동지를 최대한 많이 채워 넣은 후에는 자유롭게 생각을 해 보는 시간을 갖는다. 어떤 도구, 기법, 전략, 질문, 은유, 활동지 혹은 경험적 연습 활동을 활용하여 활동지의 하위 부분들을 다룰 수 있을까? 어떤 개입이 융합에서 탈융합으로, 경험 회피에서 수용으로, 비효율적인 행동에서 효율적인 행동으로 조금이라도 움직일 수 있게 촉진시켜 줄까? 내담자의 강점과 내적 자원 중 가치 있는 삶을 영위하기 위해 활용할 수 있는 것들은 무엇이 있을까? 여기서 우리는 건설적인 문제 해결이나 기술 훈련이 필요한지 또한 생각해 보아야 한다.

시작점 찾기

만약 당신이 여러 ACT 매뉴얼을 읽어 보았다면 각 매뉴얼이 ACT
의 육각형의 서로 다른 지점에서 시작한다는 것, 그리고 어떤 경우에
는 창조적 무망감(creative hopelessness)에서 시작하기도 한다는 것을
알게 되었을 것이다. ACT를 더욱 유창하고 유연하게 사용할 수 있게
될수록 당신은 ACT의 육각형을 빙빙 돌면서 핵심 과정들을 모든 회
기에서 진행하게 될 것이다. 그 수준에 이르기 전에 어디에서부터 시
작할지 막막한 분들을 위해 여기 몇 개의 지침을 제공하였다.

- 만약 내담자의 동기가 부족하다면 그를 동기 부여하기 위해 가
  치 명료화 작업부터 시작하라. (이것 없이는 내담자가 힘든 것들을
  해낼 이유가 없다.) 마찬가지로 가치와 목표 설정은 (특히, 관계나
  일 관련 문제를 보이는) 기능을 잘하는 내담자들에게 좋은 출발점
  이다.
- 경계선 성격장애나 외상 후 스트레스 장애가 있는 내담자와 같
  이 경험 회피 수준이 높은 내담자들을 위한 ACT 매뉴얼은 주로
  온화하고 공감적인 창조적 무망감으로 시작하여 융합과 수용으
  로 나아간다.
- 위기, 공황, 해리 상태에 있는 내담자들에게는 간단한 현재 순간
  에 머무르기(grounding) 혹은 현재에 초점 맞추기(centering) 활
  동을 진행하는 것이 좋다.

- 극심한 슬픔이나 상실을 경험하고 있는 내담자를 위해서는 대체로 자기연민부터 시작하는 것이 최선의 방법이다.
- 벌써 자신의 가치에 맞는 행동을 하기 시작한 내담자가 오늘따라 자신의 생각에 잠겨 현실에서 분리되어 있을 때, 우리는 먼저 현재와 접촉하는 것부터 시작하여 보다 충만한 삶을 영위하는 방법을 실천해 볼 수 있다.

개인적으로 나는 어느 내담자이든지 가치 명료화와 목표 설정으로 시작하려고 노력한다. 가치를 발견하는 작업이 절대 불가능하거나 과도하게 방어적인 내담자를 만나게 되면 탈융합과 수용으로 넘어간다.

사실 ACT 육각형의 여섯 꼭지는 모두 심리적 유연성에 있어 중요한 역할을 하고 서로 연결되어 있어서 우리가 어디에서 시작하는지는 그렇게 중요하지 않다. 기본적인 규칙이 하나 있다면 한 지점에서 막힐 때에는 다른 지점으로 넘어가라는 것이다. 그리고 나중에 잘 되지 않았던 그 지점으로 다시 돌아가면 된다. 이것이 '육각형 댄스'이다.

또한 어떤 극적인 성과를 거두지 않아도 된다는 점을 기억하자. 단기적으로 볼 때 작은 변화들이 종종 장기적으로는 극적인 효과를 가져오며, 이것이 바로 도미노 효과이다.

실험

- 간략 사례 개념화 연습 활동지를 처음 사용할 때 어려움을 느끼는 것은 정상이다. 하지만 삶의 모든 것처럼 연습을 많이 할수록 수월해진다. 그렇기 때문에 이번 주에 당신에게 주어진 도전은 이 활동지를 한 부라도 복사하여 최소 한 명의 내담자에게 사용하는 것이다.
- 원한다면 당신이 진행한 사례 개념화를 내담자와 공유하여 그의 피드백을 받아 볼 수 있다. 이 과정은 그 자체로 효과적인 개입이 될 수 있으며 회기에서 해야 할 일들을 정하는 용도로 사용할 수도 있다.
- 활동지를 정말 잘 사용하고 싶다면 30부를 복사하여 당신이 만나는 30명의 내담자에게 사용을 하거나 30일 동안 하루에 하나씩 사용해 보자.

제3장
유연성과 강화

ACT를 처음 접하는 경우, 대부분의 사람들은 어떠한 정형화된 방식으로 ACT를 실시한다. 나는 이 방식을 'ACT 덩어리(chunky ACT)'라고 부르는데, 이 방식으로는 탈융합 한 덩어리, 가치 한 덩어리, 수용 한 덩어리 식으로 ACT를 진행하기 때문이다. 또한 우리는 한 덩어리로부터 다음 덩어리로 옮겨 갈 때에도 규정된 방식으로 하고자 하는 경향이 있어서, 제한된 범위의 기본적인 비유와 연습 활동들을 사용하는 등 매뉴얼을 따르는 것처럼 할 때가 있다. 이것은 매우 자연스러운 현상이며 시작점으로 좋다.

하지만 시간이 지나면서 우리는 좀 더 유동적이고 유연한 방식으로 과정들 사이를 자유롭고 신속하게 오가며 끊임없이 변화하는 상황의 요구에 가장 효과적으로 부합하기 위해 노력한다. 즉, ACT의 육각형에서 춤을 추는 것이다.

육각형 댄스

다음에 제시된 도표를 보고 기억 속에 남아 있을 육각형에 대한 기억을 되살려 보자.

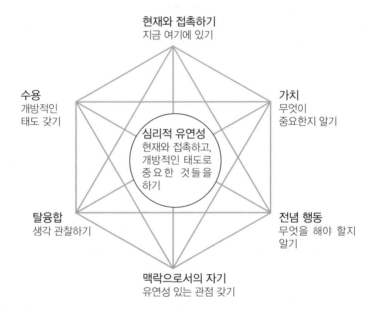

더욱 유동적으로 육각형에서 춤을 출 수 있게 될 때, 우리는 회기 중 덜 막히는 경험을 하게 된다. 한 꼭지에서 작업을 하다가 막히면 간단히 다른 꼭지로 이동하면 된다. 그리고 나서 추후에 막혔던 그 꼭지로 다시 돌아갈 수 있다.

예를 들어, 내담자에게 가치를 소개했더니 내담자가 "이건 시간 낭비네요. 제 삶은 썩었어요. 바꿔 봤자 소용없어요."라고 말했다고 하자. 그렇다면 우리는 융합으로 넘어갈 수 있다. "우리가 이걸 탐색하는 것에 대해 당신은 그리 관심이 많지 않으신가 보군요. 이에 대해 또 제기하고 싶은 다른 이의가 있나요?"

혹은 가치 연습 활동을 하면서 내담자가 죄책감에 사로잡혔다고 하자. 이런 경우에 우리는 수용으로 넘어갈 수 있다. "당신의 몸 어느 부분에서 그게 느껴지나요? 그곳에 숨을 불어넣을 수 있을까요? 그 느낌에 손을 얹어 부드럽게 잡고 있어 보세요."

아니면 불안을 수용하는 작업을 하고 있는데 내담자가 어려움을 겪고 있는 상황을 그려 보자. 이 경우에 우리는 가치로 넘어갈 수 있다. "이 작업이 무엇을 의미하는지 상기해 보는 시간을 가져 볼게요. 아이들과 함께 있어 주는 것, 당신이 정말로 원하는 방식으로 그들을 사랑하고 돌보아 주는 것… 만약 지금 느끼고 있는 불안이 당신이 원하는 엄마가 되기 위해서 어느 정도 필요하다면 당신은 불안과 싸우는 것을 멈출 수 있겠어요?"

처음에는 이 댄스가 쉽지 않아 보이겠지만 이 육각형을 삼각형으로 바꾸어 생각하면 조금 나을지도 모른다.

삼각형 댄스

다음은 ACT의 핵심적인 여섯 가지 과정을 세 가지로 압축하여 표현한 삼각형 그림이다.

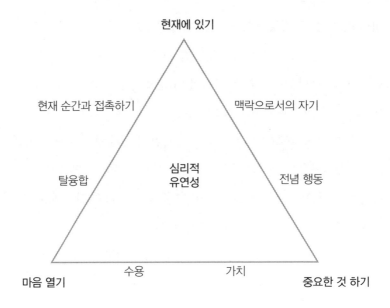

- 가장 위에는 '현재에 있기': 현재 순간과 접촉하기와 맥락으로서 의 자기가 있다.
- 왼쪽에는 '마음 열기': 수용과 탈융합이 있다.
- 오른쪽에는 '중요한 것 하기': 가치와 전념 행동이 있다.

따라서 삼각형으로 설명하자면 심리적 유연성은 현재에 있고, 마음을 열고, 중요한 것을 할 수 있는 능력이다. 호기심과 개방성을 가지고 우리의 주의를 현재 순간에 가장 중요한 것들로 돌릴 수 있으며, 경험에 온전히 열려 있어서 우리의 모든 생각과 느낌을 위한 공간을 만들 수 있고, 우리의 가치와 일치하는 행동을 할 수 있다.

오른쪽 꼭지('중요한 것 하기')에서 작업을 하는데 내담자가 융합과 회피를 보인다면 왼쪽 꼭지('마음 열기')로 이동하여 내담자가 힘든 생

각으로부터 탈융합하고 고통스러운 느낌을 수용할 수 있도록 도울
수 있다.

비슷하게 우리가 만약 왼쪽 꼭지('마음 열기')에서 작업을 하고 있
는데 내담자가 어떤 생각을 꽉 잡고 놓지 않고 있다면 혹은 어떤 느
낌과 씨름을 하고 있다면 우리는 오른쪽 꼭지('중요한 것 하기')로 옮
겨 갈 수 있다. 예를 들어, 우리는 내담자에게 "당신이 그 생각을 꽉
잡고 놓지 않고 있으면 당신이 원하는 모습이 되고, 당신이 하고 싶
은 것을 할 수 있게 되나요?"라고 물어볼 수 있다. 또 우리는 내담자
가 그 힘든 감정을 위한 공간을 기꺼이 만들 수 있도록 그에게 중요
한 것을 충분히 생각해 볼 것을 요청할 수 있다.

마지막으로 왼쪽 혹은 오른쪽(아니면 둘 다) 꼭지에서 막힌다면 우
리는 그저 중심부로 와서 현재에 있는 것에 초점을 맞출 수 있다. '현
재에 있기'는 강력한 대비책인데, 이는 우리가 현재 순간에 온전히
접촉하고 있는 상태에서는 융합과 회피가 얼씬거리기 힘들기 때문
이다.

내담자가 지금 여기에 머물러 있도록 하기 위해서 우리는 먼저 그
가 경험의 외적 · 신체적 측면을 알아차릴 수 있도록 해야 한다. 내가
어디에 있는지, 무엇을 하는지, 무엇을 보고, 듣고, 만지고, 맛보고,
냄새 맡는지 말이다. 그다음 그가 이 모든 것을 알아차리게 되면 우
리는 내담자가 자신의 생각과 느낌을 알아차려 볼 것을 요청한다. 이
과정은 현재의 생각과 느낌을 알아차리는 것으로 시작되는 과정인
탈융합과 수용으로 자연스럽게 이어진다.

여기서 융합, 회피, 비효율적인 행동의 극단적인 예를 보여 주는

내담자를 만났다고 가정해 보자. 이러한 내담자는 삶의 모든 중요한 영역에서 큰 어려움을 겪고 있을 가능성이 높다(게다가 경계선 성격장애처럼 심각한 진단 꼬리표를 이미 받았을지도 모른다). 이 내담자가 우리를 처음 만나러 상담실에 들어온 상황이고, 그(그녀)는 이미 심각한 위기나 충격 상태에 빠져 있다. 만난 후 몇 분이 채 흐르지 않았는데 벌써 극도로 괴로워하며 불안해하고 있다. 우리는 무엇을 할 수 있을까?

닻 내리기

확실한 선택은 삼각형의 위쪽 꼭지로 가서 내담자가 현재와 접촉할 수 있도록 하는 것이다. 나는 다음에 소개되는 '닻 내리기'라고 부르는 기법이 이런 상황에서 유용하다고 생각한다.

상담자: 실례하지만 제가 잠시 당신의 말을 끊어도 될까요? 당신의 이야기를 전부 듣고 싶지만 그 전에 먼저 해야 할 것이 있어요. 보세요. 지금 당신은 감정의 회오리 속에 있습니다. 별의별 괴로운 생각과 느낌이 당신의 몸과 마음을 폭풍처럼 휩쓸고 있어요. 당신이 그 회오리 속에 있는 상태에서는 아무런 효과적인 것을 할 수가 없어요. 그래서 잠시 닻을 하나 내려 봐도 될까요? 닻을 내린다고 해서 회오리가 사라지는 것은 아니에요. 그저 회오리가 알아서 지나가는 동안 당신이 휩쓸려 가지 않도록 잡아 주는 역할을 할 뿐이지요. 자, 이걸 한번 해 봐도 될까요? 그 후에 당신의 이야기를 좀 더 듣고 싶

네요. [내담자의 동의를 얻은 후, 상담자는 현재 순간에 머무르기 (grounding) 혹은 현재에 초점을 맞추기(centering) 과정을 시작한다.] 고마워요. 자, 당신의 몸에 있는 그 불안과 머릿속에 있는 무서운 생각들을 계속 알아차리는 동시에 당신의 발을 바닥에 세게 꾹 눌러 보세요. 똑바로 앉아 당신의 몸을 감지해 보세요. 이 방을 둘러보고 무엇이 보이고 들리는지 알아보세요. 의자에 있는 당신의 몸과 바닥에 있는 발, 당신을 둘러싸고 있는 이 방, 당신의 몸 안에 있는 불안, 머릿속에 있는 생각들을 감지하는 동시에 지금 여기에 당신 앞에 있는 나와도 함께 있을 수 있는지 보세요. 바로 지금, 여기… 이 방에서… 함께 무엇인가 중요한 작업을 하고 있는 당신과 나를 감지해 보세요.

앞 축어록의 상담자는 그저 ACT에 대해서 이야기하는 것이 아니라 실제로 ACT를 하고 있다는 점을 볼 수 있다. 첫 회기임에도 불구하고 이 상담자는 바로 적극적인 개입을 하고 있다.

만약 내담자가 플래시백(flashback)을 하거나 해리 증상을 보이면 어떻게 하는 게 좋을까? 그런 경우에 우리는 감정의 회오리라는 비유를 언급하지 않고 바로 현재 순간에 머무르기(grounding) 혹은 현재에 초점을 맞추기(centering)로 넘어갈 수 있다. '현재 순간에 머무르기' 개입을 내담자가 심리적으로 현재에 머물러 있을 수 있도록 하기 위해서라면 한 회기 내에서 다섯 번, 열 번, 스무 번이고 필요한 만큼 할 수 있다. 그리고 다음 회기까지 내담자가 이 기법을 연습해 볼 수 있도록 안내한다.

또 축어록을 보면 상담자가 현재와 접촉하는 과정을 진행하면서 엇갈리는 메시지를 보내지 않으려고 노력하는 것을 볼 수 있다. 상담자는 내담자에게 바닥에 있는 발, 의자에 있는 몸, 듣고 보이는 것들 등에 주목하는 것에 멈추지 않고 자신의 불안한 생각과 느낌들 또한 알아차릴 것을 요청한다. 뒷부분이 누락될 경우, 내담자는 이 현재와 접촉하는 과정의 목적이 단지 자신의 괴로운 생각과 느낌으로부터 주의를 돌리는 것이라고 잘못 이해할 수 있다.

현재 순간에 머무르기(grounding) 혹은 현재에 초점을 맞추기(centering) 기법은 고통에 압도되어 있거나, 과하게 융합되어 있거나, 위기에 처해 있거나, 공황발작, 플래시백, 해리 증상을 보이는 내담자들에게 가장 좋은 첫번째 개입이다. 내담자가 다시 현재 순간으로 돌아왔을 때 다시 '마음 열기'나 '중요한 것 하기'로 부드럽게 돌아갈 수 있다.

'닻 내리기' 기법은 큰 고통이나 긴급한 문제와 씨름을 하고 있는 내담자 누구에게나 적용할 수 있는 좋은 출발점이다. 이런 경우, 많은 상담자가 내담자가 심각한 융합과 회피 상태에 있는데도 불구하고 문제 해결 모드로 바로 들어가는 실수를 범한다. 하지만 그것은 비효과적일 가능성이 높다. 그런 상태에서 내담자가 명료하게 사고를 한다는 것은 매우 힘든 일이기 때문이다. 그리고 이런 경우에 내담자에게 매우 유용한 마음챙김 기술을 가르쳐 줄 수 있는 좋은 기회를 제공할 수 있는데, 문제 해결 모드로 들어가 버리면 그런 기회를 날려 버리게 된다. 즉, 내담자가 현재와 접촉할 수 있도록 한 후 건설적인 문제 해결로 들어가는 것이 가장 바람직하다.

물론 어떤 내담자들은 그들이 당면한 문제가 바로 해결되지 않을 것이라는 점에 대해 매우 괴로워할 수 있다. 이런 경우에 '수용' 과정이 요구되며 이를 위해 '닻 내리기' 과정이 강력한 첫 단계가 될 수 있다.

상담자: 당연히 당신은 이 문제를 신속히 해결하고 싶을 것이고, 우리는 당신이 문제 해결을 위해 할 수 있는 모든 방안을 함께 모색해 보는 시간을 가질 거예요. 하지만 먼저 현실을 똑바로 바라보아야 합니다. 이 문제는 다음 24시간 안에 고쳐지거나 해결될 가능성이 거의 없어요. 그렇기 때문에 우리는 당신에게 주어질 다음 24시간이 어떤 경험으로 남길 원하는지 생각해 보아야 해요. 당신은 그 시간을 감정의 회오리 속에서 이리저리 던져지는 경험을 하면서 보낼 수도 있고, 아니면 닻을 내려 그 회오리가 당신을 쉽게 흔들지 못하게 할 수 있겠지요. 닻을 내린 상태에서는 어쩌면 실질적이거나, 의미 있거나, 삶을 개선하는 무언가를 할 수 있는 시간을 조금이라도 가질 수 있게 될지도 몰라요.

내담자: 예를 들어 어떤 거요?

상담자: 음, 거기에 대해서는 곧 이야기하도록 하지요. 우선 닻을 내리는 것에 대해 어떻게 생각하세요?

모델링하기, 촉진하기, 강화하기

알다시피 ACT 모델은 전부 효율성(workability)이라는 개념에 기반하고 있다. "당신이 하고 있는 일이 풍성하고 충만하며 의미 있는 삶을 가져다 주고 있나요?" 이 질문에 대한 답이 "그렇다."라면 그 행동은 효율적인 행동이고, 답이 "아니요."라면 비효율적인 행동이다.

또한 ACT는 행동 분석에 기반하고 있다. 행동 분석가에게 '행동'이란 단순히 '생명체가 하는 그 무엇'으로 정의된다. 따라서 행동 분석가에게 생각하기, 느끼기, 기억하기는 모두 생명체가 하는 것이기 때문에 '행동'에 포함된다.

어느 회기에서든 우리는 효율적이거나 비효율적인 두 가지 유형의 행동을 관찰한다.

효율적인 행동을 발견하면 그것을 강화해야 한다. 즉, 그 행동이 더욱 지속되거나 증가할 수 있도록 무언가를 한다. 반대로 비효율적인 행동을 발견하게 된다면 그 행동을 방해하고 동시에 대체 가능한 효율적인 행동을 강화해야 한다. (행동 분석가는 이 과정을 차별적 강화라고 부른다.)

따라서 ACT 회기에서는 언제나 ACT의 여섯 가지 핵심 과정을 지속적으로 모델링하고, 촉진하고, 강화해야 한다.

모델링하기

우리는 ACT의 여섯 가지 핵심 과정을 상담실에서 직접 구현함으로써 모델링을 한다. 즉, 우리 또한 마음을 챙기고 공감적이며 가치와 일치하는 태도로 작업을 한다. 개방성과 호기심을 가지고 주의를 기울인다. 우리에게서도 발견되는 쓸데없는 마음의 재잘거림으로부터 탈융합을 시도한다. 내담자를 돕겠다는 목적하에 우리 스스로 불편함을 느낄 수 있다는 점을 기꺼이 감수한다. 그리고 상담자로서의 가치(연민, 존중, 청렴성, 진실성, 돌봄, 연결됨, 공헌 등)와 계속 접촉한다.

촉진하기

우리는 각 회기에서 내담자의 심리적 유연성을 적극적으로 촉진해야 한다. 즉, 우리는 내담자가 회기 내에서 마음챙김 연습을 하고, 가치와 연결되도록 하며, 목표를 설정하여 실천할 수 있도록 유도해야 한다. 이것을 위해 우리가 할 수 있는 것은 크게 두 가지, '구조화된 활동(structured exercises)'과 '알아차린 후 표현하기(noticing and commenting)'가 있으며 그 둘은 종종 겹치기도 한다.

구조화된 활동

ACT를 처음 접했을 때에는 구조화된 활동을 고수하는 경향이 있다. 구조화된 활동의 예시로는 몸으로 표현하는 비유(실제로 몸짓으로 하는 것)와 언어적 비유(설명되는 것), 활동지, 생각을 노래로 담아내기나 마음에게 감사하기 등 구체적인 기법, 마음챙김 호흡, 시냇물을 따라 흘러내리는 나뭇잎으로 생각을 시각화하거나 자신의 장례식을 상상하기 등의 경험적 활동이 있다.

알아차린 후 표현하기

ACT에 익숙해질수록 우리는 ACT의 핵심 과정들을 그저 벌어지는 현상에 대해 말로 표현해 주는 것만으로도 촉진시킬 수 있다는 것을 깨닫게 된다. 예를 들어, 우리는 내담자에게 "당신의 마음이 지금 당신에게 이야기해 주고 있는 것을 알아차릴 수 있나요?" 혹은 "당신의 마음이 계속 이 주제로 되돌아오도록 당신을 당기고 있는 것이 보이나요?"와 같은 질문을 함으로써 탈융합을 촉진시킬 수 있다. 또 "그 느낌에 대해 지금 어떤 반응을 하고 있나요? 치열하게 싸우고 있나요? 참고 견디고 있나요? 싸움을 멈추고 있나요?"와 같은 말을 함으로써 수용을 촉진할 수 있다. "이것은 정말 당신에게 중요해 보이는군요. 어떤 점이 그렇게 중요한가요?"와 같은 말은 내담자로 하여금 가치와 연결될 수 있도록 한다.

강화하기

회기 중 가치와 연결되고, 도움이 되지 않는 생각으로부터 탈융합하고, 불편함을 수용하며, 지금 여기에 접촉하고, 자기연민을 시도하는 등 심리적 유연성의 조짐이 보일 때, 그 행동은 모두 효율적인 행동이다. 그러므로 이런 조짐이 보인다면 행동을 적극적으로 강화해야 한다. 강화하는 방법은 다양하다. 격려하거나 감탄하는 태도로 내담자에게 나타나는 심리적 유연성의 조짐에 대해 언급할 수 있다. 내담자가 어떻게 그런 행동을 할 수 있는지에 대해 호기심을 보일 수도 있다. 내담자 스스로에게 자신이 하는 행동과 그것이 미치는 영향에 대해 주의를 기울이게 할 수 있다. 아니면 내담자의 행동이 우리로 하여금 어떤 느낌을 주는지, 상담 관계에는 어떤 영향을 주는지에 대해 나눌 수도 있다. 다음은 회기 내에서 ACT 과정들을 강화할 수 있는 방법에 대해 생각해 볼 수 있는 예시들이다.

- "지금 당신이 정말 열심히 참여하고 있다는 게 확 느껴지네요. 오늘 시작할 때에는 마치 당신 마음이 딴 데 가 있는 느낌도 들고, 주의도 산만하게 느껴졌었는데, 지금은 정말 여기에 함께 존재하고 있는 것 같네요. 당신도 그렇게 느껴지나요? 어떤 차이가 느껴지나요? 살면서 이렇게 적극적으로 참여한 경험이 또 있었나요?"
- "와! 당신이 그렇게 가치와 접촉하는 모습을 보니까 뭔가 감동적이네요. 겸허해지는 느낌이에요."
- "당신도 느꼈나요? 방금 잠시 동안 당신은 마음의 늪에 완전히 빠져 있었어요. 그러다가 어느 순간 빠져나와 이곳으로 돌아왔어요. 어떻게 그럴 수가 있었나요?"
- "제가 감지하기로는 당신은 큰 고통을 느끼고 있지만, 동시에 나와 함께 현재에 존재해 주고 있어요. 정말 적극적으로 참여하면서요. 몇 분 전에는 우리 사이에 벽이 있는 느낌이었는데, 지금은 그 벽이 허물어진 것 같네요."
- "이 말은 진짜 해야 할 것 같네요. 정말 감동받았어요. 당신은 불안과 그렇게 오래 싸워 왔는데, 방금 몇 분 동안 앉아 있으면서

는 싸우지 않았어요. 그 경험이 어땠나요? 여기서 이루어지고 있는 우리의 상호작용에 어떤 변화를 가져왔나요? 궁금해지네요. 당신의 감정들과 투쟁하지 않을 때 현재 순간에 머무르는 게 좀 더 쉬워지나요?"

• "저와 그걸 나누어 주어서 정말 고마워요. 영광입니다."

이런 개입들이 정말 그 행동을 강화시킬 것인지는 사실 확실하지 않다. 초반에는 추측을 할 수밖에 없다. 무엇을 말하고 어떻게 행동해야 내담자의 행동이 강화될까? 시도해 보고 주의 깊게 그 결과를 평가하는 수밖에 없다.

따라서 앞에 언급된 전략 중 하나를 사용한 결과 오히려 융합과 회피를 끌어낸다면 그 개입이 그 특정 행동을 강화하지 못했다는 결론을 내리게 될 것이다. 하지만 그 개입이 내담자로 하여금 효율적인 행동을 증가시킨다면 그 개입은 그 특정 행동을 강화한 것이다. 불행하게도 어떤 개입이 하나의 특정 행동을 강화했다고 해서 그 개입에 다른 행동 또한 강화할 것이라고 기대할 수는 없다. 그렇기 때문에 새로운 행동을 다룰 때에는 다시 신중한 추측을 통해 어떻게 그것을 강화할지 결정을 내린 후, 시도를 통해 그 결과를 주의 깊게 평가해야 한다.

상담실 밖에서 효율적 행동 격려하기

회기 내에서 효율적 행동을 모델링하고 촉진하며 강화하는 것뿐

만 아니라 상담실 밖에서도 그런 행동을 격려해야 한다. 그렇게 하기
위해서는 각 회기가 끝날 무렵 어떤 특정 행동을 실천하기로 결단을
내리도록 한다. 이것은 마음챙김 기법 연습하기일 수도 있고, 어떤
가치-동일한 목표를 달성하기 위한 활동지를 완성하는 것일 수도
있고, 단순히 어떤 특정 상황에서 자신의 행동과 그 결과를 관찰하는
것일 수도 있다.

그 후 다음 회기를 시작할 때 내담자에게 그 행동을 잘 실천했는지
물어본다. 이와 달리 "지난 한 주는 어땠나요?" 혹은 "오늘은 좀 어떠
세요?"와 같은 평범한 일상 대화로 회기를 열게 되면 초점에서 벗어
난, 도움이 되지 않는 엉뚱한 대화로 시간을 낭비하게 될 위험이 발
생한다. 따라서 "저번 회기 끝에 우리는 당신이 한 주 동안 X, Y, Z를
해 보는 것에 대해 이야기했었지요. 어떻게 진행되었는지 이야기하
는 걸로 이번 회기를 시작해도 될까요?"와 같이 조금 더 초점이 맞추
어진 질문으로 회기를 시작하는 것이 훨씬 도움이 된다.

이에 내담자가 긍정적인 진척 상황을 보고한다면 우리는 이렇게
반응할 수 있다. "와, 정말 훌륭하군요." "어떻게 해내셨어요?" "제가
직접 보지 못해서 아쉽네요!" "어떤 변화를 가져왔나요?" "감동이네
요." "어떻게 그걸 적용해 보았나요?" "또 다른 혜택도 있었나요?" "당
신 아내도 놀랐나요?" "나에게 이 이야기를 해 주는 동안 당신 정말
살아 있어 보이고 활기차 보여요." 이런 대화를 통해 우리가 이루고
자 하는 것은 상담실 밖에서도 내담자가 효율적인 행동을 더욱 많이
할 수 있도록 격려하는 것이다. (물론 실제로 그 행동이 증가한다고는 보
장할 수 없다.)

만약 내담자가 긍정적인 진척 상황을 보고하지 않는다면 어떻게 할까? 그런 경우에 우리는 우선 자기수용과 자기연민을 중요하게 다루어야 하고, 그 후에는 이 책의 제2부에서 설명된 것처럼 그 행동을 실천하는 데 내담자에게 방해나 걸림돌이 되었던 것들을 다루어야 한다.

차별적 강화

회기 내내 비효율적인 행동을 보이는 내담자가 있다고 가정해 보자. 그는 끊임없이 걱정하고, 되새김질하고, 자책하고, 남의 탓을 하고, 자신의 감정과 투쟁한다. 이 내담자를 만나는 상담자는 '지지적인 상담'을 선호하여 따뜻하게 경청하고, 공감을 많이 하고, 지지적이고 격려하는 말을 하는 것 이상은 거의 하지 않는다. 이 상담의 성과는 어떠할까?

단기적으로는 내담자가 예전보다 편안해질 가능성이 있다. 누군가가 따뜻하고 존중하는 태도로 잘 들어주고, 친절하고 배려 있게 행동해 주었는데 편안해지지 않는다면 오히려 이상할 것이다. 하지만 내담자는 자신의 비효율적인 행동(걱정하기, 되새김질하기, 탓하기 등)에 대한 보상(친절함, 돌봄, 존중)을 받았기 때문에 그의 그런 행동이 사실은 증가할 가능성이 높다. 즉, 상담자는 내담자의 비효율적인 행동을 강화시키는 역할을 하고 있는 것일 수 있다. 내담자를 돕기보다는 오히려 곤경에 빠져 있도록 한 셈이다.

따라서 회기 내에서 비효율적인 행동이 목격되면 우리는 그것을 멈추고 그와 다른 좀 더 효율적인 행동을 촉진하고 강화해야 할 것이다. 다시 말해서, 우리는 차별적 강화를 제공해야 한다. 예를 들어, 우리에게 보이는 것들을 공유하거나, 그가 스스로 하고 있는 행동과 그것이 미치는 영향을 알아차릴 것을 요청하거나, 그의 행동이 우리로 하여금 어떤 감정을 느끼게 하며 상담 관계에 어떤 영향을 주는지에 대해 이야기 나눌 수 있다. 이것을 실천하는 구체적인 예시는 이 책의 제2부에 제시되어 있다.

실험

• 최근 진행한 상담 회기들을 떠올려 보며 내담자들의 효율적인 행동 혹은 비효율적인 행동들의 예시를 떠올려 보라. 혹시 효율적인 행동을 적극적으로 강화했던 경우를 떠올릴 수 있는가?

• 효율적인 행동을 회기 중 발견했을 때 당신만의 강화 방법을 생각해 보라. 그 후 내담자를 만나 시도해 보고 결과를 평가해 보라. 한 내담자에게 효과적이었던 강화 방법이 다른 내담자에게는 그렇지 않을 수 있다는 점은 기억해야 할 것이다.

• 당신이 만나는 내담자 중 정말 옴짝달싹도 못 하고 있는 막막한 내담자가 있다면 가장 최근의 회기를 찬찬히 떠올려 보는 시간을 가져라. 회기 중 어떤 비효율적인 행동을 보였는가? 혹시 경청자나 좋은 사람 역할을 한 결과 의도치 않게 그 비효율적인 행동을 강화시키지는 않았는가? 내담자의 행동 중 다음 회기에서 차별적 강화를 시도해 볼 수 있는 효율적인 행동은 무엇이 있는가?

제4장

원인과
보상

"나 자신을 잘 이해하고 싶어요." "정말 바뀌고 싶지만 어떻게 해야 하는지 모르겠어요." "제가 왜 계속 이러는지 모르겠어요." "정말 멈추고 싶지만 어쩔 수 없어요."라고 이야기하는 내담자를 만난 적이 있는가? 비효율적인 행동을 보고 어떻게 하면 그 행동을 제대로 다룰 수 있을지 막막할 때가 있었는가?

만약 그런 경험이 있었다면 이 장에서 바로 그런 주제를 다룰 것이라는 기쁜 소식을 전한다. 우리는 어쩌면 ACT 도구 중 가장 강력한 도구 하나를 살펴볼 것이다. 이 도구는 내담자의 어떠한 비효율적인 행동도 다룰 수 있는 다양하고 효과적인 개입들을 만들어 낼 것이며, 내담자가 자신의 행동을 조금 더 이해하여 스스로를 더욱 효과적으로 관리할 수 있도록 도울 것이다.

원인, 행동, 보상

모든 행동에는 효율성의 여부와 상관없이 '목적'이 있으며, 우리가 알게 모르게 어떤 유형의 성과를 달성하려는 의도가 내포되어 있다. 행동의 의도나 목적(기능)을 알아내려면 우리는 다음 세 가지 범주 (원인, 행동, 그리고 보상-다음의 표 참조)에 대한 정보를 구해야 한다. (표는 원인부터 보상까지 순차적으로 구성되어 있다. 하지만 기능 분석에서의 시작점은 우리가 다루고자 하는 행동이기 때문에 표에서 그 행동이 가장 먼저 채워지며, 그 이후의 설명 부분에도 가장 먼저 논의되어 있다.)

원인 (행동 이전의 상황, 생각, 느낌)	행동 (유기체가 행하는 무엇)	보상 (행동의 결과 중 그 행동을 유지시키는 것)

행동

제3장에서 논의된 것처럼 '행동(behavior)'이라는 단어는 단순히 '어떤 유기체가 행하는 무엇'을 의미한다. 공적 행동은 유기체가 행하는 것 중 잠재적으로 다른 사람들이 직접 관찰할 수도 있는 것을 말

한다. 여기서 '잠재적으로'라는 단어를 주목하라. 만약 당신이 혼자 집에서 술을 마신다면 이 행동은 (예를 들어, 천장에 CCTV가 달려 있었더라면) 잠재적으로 다른 사람들에게 관찰될 수 있는 행동이기 때문에 아무리 사적으로 행한 행동일지라도 여전히 공적 행동으로 분류된다. 일상적인 용어로는 공적 행동을 '동작(actions)'이라고 한다.

사적 행동은 유기체가 행하는 것 중 유기체 스스로만 직접적으로 관찰할 수 있는 것을 말한다. 사람일 경우에 사적인 행동은 생각하기, 공상하기, 기억하기와 같은 행동을 포함한다. 이런 행동은 그 행동을 하는 사람 이외에는 다른 사람이 직접적으로 관찰할 수가 없다.

하지만 우리의 생각과 공상과 기억들에 대해 쓰거나 말을 하게 되면 쓰거나 말하는 행동은 잠재적으로 다른 사람들에게 관찰될 수 있는 행동이기 때문에 공적 행동에 속한다. (신경 과학자를 위한 메모: MRI와 PET 스캐너로 뇌의 전기화학 활동 패턴을 관찰할 수 있지만, 여전히 한 사람의 머릿속에 있는 말과 그림들을 관찰해 낼 수는 없다.)

원인

'원인(trigger)'은 '행동 바로 이전에 있었던 직접적으로 관련된 사건'을 가리키는 사용하기 쉬운 일반적인 용어이다. 행동 분석의 전문 용어는 '선행사건'이다. 내담자 행동의 원인 혹은 선행사건은 일반적으로 그가 처한 상황과 그가 가지고 있는 생각과 느낌을 포함한다. (이 책에서 '생각과 느낌'이라는 구절은 인지, 감각, 욕구, 기억, 감정, 이미지 등 모든 사적 경험을 의미한다.)

보상

'보상(payoff)'은 행동의 즉각적인 결과로 행동을 유지시키는 것이다. 행동 분석에서는 이것이 '강화시키는 결과(reinforcing consequences)'로 불리며, 행동의 결과 중 그 행동을 지속시키거나 증가시키는 무엇이다. [비고: 행동의 즉각적인 결과가 시간이 지날수록 그 행동을 감소시킨다면 그것은 '처벌하는 결과(punishing consequences)'라고 한다. ACT에서는 비효율적인 행동을 벌하는 것보다 효율적인 행동을 강화하는 것을 강조하기 때문에 이 책에서도 처벌에 대해서는 논의하지 않는다.]

기능 파악하기

행동 분석에서는 행동의 형태(외부 관찰자에게 행동이 어떻게 보이는지)보다 기능에 더 관심이 많다. 대략적으로 이야기하면 행동의 기능은 그 행동의 목적(즉, 그 행동이 달성하고자 하는 것)이라고 할 수 있다. 행동의 기능을 포착하려면 다음 세 가지 질문에 답을 해야 한다.

- **행동**: 내담자는 무엇을 하고 있는가?
- **원인**(선행사건): 행동 바로 전에 있었던 상황, 생각, 느낌은 무엇인가?
- **보상**(강화시키는 결과): 행동의 결과 중 그 행동을 지속시키는 것은 무엇인가?

다음은 원인, 행동, 보상 공식을 활용하여 마약 중독자인 내담자의 행동에 대한 기능 분석을 한 예시이다.

원인 (행동 이전의 상황, 생각, 느낌)	행동 (유기체가 행하는 무엇)	보상 (행동의 결과 중 그 행동 을 유지시키는 것)
〈상황〉 밤에 혼자 집에 있었음 〈생각〉 "난 친구가 없다." "나에게도 사회 생활이라는 게 있었으면 좋겠다." 〈느낌〉 슬픔, 외로움, 불안, 지루함, 마약을 하고 싶은 충동	• 마약을 함	• 안도감 • 고통스러운 생각과 느낌, 충동이 사라짐

앞의 표에서 내담자의 행동 의도는 고통스러운 생각과 느낌으로부터 도망가려는 것임을 쉽게 파악할 수 있다. 이 내담자에게 마약 행동의 보상은 상당하며, 마약 사용이 지속되는 게 당연해 보인다. (행동 분석 용어로 이 행동의 결과는 강화 효과가 매우 크다고 할 수 있다.)

다음은 앞의 예시에서 살펴본 동일한 내담자의 원인, 행동, 보상을 표로 보여 준다.

원인 (행동 이전의 상황, 생각, 느낌)	행동 (유기체가 행하는 무엇)	보상 (행동의 결과 중 그 행동 을 유지시키는 것)
〈상황〉 마약을 끊으려고 함 · 24시간 동안 하지 않았음 · 현재 급성 금단 증상을 경험 중임 〈생각〉 "너무 어렵다." "한 대 피워야겠어." "더 이상 못 버티겠어." 〈느낌〉 불안, 금단 증상, 마약을 하고 싶은 충동	• 마약을 함	• 안도감 • 고통스러운 생각과 느낌, 충동이 사라짐.

　이번에도 원인과 보상의 내용을 살펴보면 해당 행동의 기능은 여전히 고통스러운 생각과 느낌으로부터 도망가게 해 주는 것임을 명백하게 알 수 있다. 이러한 기능은 이번 내담자에게도 큰 보상이 되고 결과는 매우 강화되고 있다. 결국 마약 사용을 끊으려는 시도에도 불구하고 지속된다.

　내담자가 "저는 왜 계속 이런 행동을 할까요?"라고 묻는다면 종이 한 장을 꺼내어 앞의 표처럼 세 부분으로 나누고, 원인-행동-보상을 함께 분석하는 것이 도움이 된다. 이 기법은 내가 장담컨대 당신의 ACT 효과성을 높여 줄 것이며, 이 기법을 익히기 위해서 당신의 내담자 중 다음에 제시한 행동 예시에 걸맞은 3명을 생각해 보길 권장한다. 이 활동을 간단한 수준에서 이해하자면 우선 제시한 행동은 모두 공적 행동에 속한다. 이제 당신이 해야 할 것은 원인과 보상 부분을 채워 넣는 것이다. 쉽게 말해 원인과 보상은 해당 행동의 바로 전과

후에 발생하는 사건들이라는 것을 기억하길 바란다. 아주 드문 경우
를 제외하고 어떤 사건이 원인 혹은 보상의 기능을 한다고 보기 위해
서는 그 행동과 전·후 사건 간에 시간 간격이 매우 짧아야 한다.

다음을 읽기 전에 아래의 표를 채워 넣어라. 이 개념을 잘 이해하
는 것이 중요하다. 만약 여기 제시된 문제 행동을 보이는 내담자가

원인 (행동 이전의 상황, 생각, 느낌)	행동 (유기체가 행하는 무엇)	보상 (행동의 결과 중 그 행동 을 유지시키는 것)
	• 중독 행동 (예: 마약, 술, 도박)	
	• 사회적 상황 피하기	

	• 자살 관련 행동
	  (예: 죽어 버릴 거라는
	  이야기를 함)	

없다면 이런 행동을 하는 사람들을 상상해 보고 원인과 보상이 될 만한 것들이 무엇이 있는지 생각해 보는 시간을 갖도록 하자. [상상조차 힘들다면 나의 웹사이트(www.actmindfully.com.au)의 자료실에서 예시 답안을 내려받을 수 있다.]

효율성에 대해 다시 한 번 생각해 보기

이제는 효율적인 행동과 비효율적인 행동에 대한 개념이 명확해졌기를 바란다.

효율적인 행동의 보상은 성장, 활력 그리고 풍성하고 충만한 의미 있는 삶이다.

비효율적인 행동은 단기적으로 고통 회피나 기분 호전의 보상이 있지만, 장기적으로는 심각한 대가를 치르게 된다. 괴로움이 증가하고 만족감은 결여되며 활력을 잃고 풍성함, 충만함 그리고 의미가 없는 삶을 살게 된다.

대화로, 아니면 표로?

원인-행동-보상으로 나누어진 표를 내담자와 꼭 그려야 하는 것은 아니다. 원한다면 대화를 하는 스타일로 진행할 수 있다. 하지만 종종 표를 그리는 것이 매우 유용할 수 있다. 왜냐하면 완성된 표를 내담자가 집으로 가져갈 수 있게 함으로써 당신과 나눈 이야기를 조금 더 잘 기억할 수 있기 때문이다. 하지만 이보다 더 중요한 이유는 완성된 표를 활용하여 다음 설명과 같이 다른 개입들로 발전시킬 수 있기 때문이다.

자료 수집하기

이 부분에서는 걱정하기를 멈추고 싶어 하는 한 내담자의 원인-행동-보상 표로 시작해 보자.

원인 (행동 이전의 상황, 생각, 느낌)	행동 (유기체가 행하는 무엇)	보상 (행동의 결과 중 그 행동을 유지시키는 것)
〈상황〉 새로 만나고 있는 여자 친구와의 두 번째 데이트를 몇 시간 앞두고 직장에서 〈생각〉 "그녀는 내가 지루하다고 생각할 거야." "말할 거리가 없어질 텐데!" "내가 정말 어떤 사람인지 알면 헤어지자고 말할 거야." "아, 난 또 차일 텐데!" "모두 다 엉망이 될 거야." 〈느낌〉 불안, 거절에 대한 두려움	• 걱정하기	• 몸에서 느껴지는 불쾌한 감각이 느껴지지 않도록 함 • 문제를 열심히 해결해 나가고 있다는 느낌이 들게 함 • 최악의 상황에 대비할 수 있도록 함

행동 기록하기

이 경우, 사적 행동을 적어 넣는다. (행동 칸에는 공적 행동과 사적 행동 둘 중 하나만 적는 것이 좋다. 둘 다 적게 되면 혼란스러워진다.)

원인 찾기

행동 칸을 채워 넣었다면 원인으로 넘어가자. 물론 많은 경우에 내담자들은 자신의 행동의 원인을 쉽게 찾아내지 못한다. 그런 경우, 그 행동을 유발한 상황을 다시 재구성하여 원인이 되었던 생각과 느낌을 찾아낸다. 진행 방법의 예시는 다음과 같다.

- "당신이 X(방금 발생한 문제 행동을 비판단적으로 명명함.)를 하기 바로 전으로 돌아가서 무엇이 그것을 유발했는지 한번 살펴볼까요? 생각해 보니 제가 당신의 가치에 대해 질문을 한 후에 바로 시작되었던 것 같아요. 당신이 괜찮다면 똑같은 질문을 다시 한 번 물어볼게요. 질문을 듣고 나서 당신은 약 10초 정도 멈추고 어떤 생각과 느낌이 올라오는지, 그리고 다시 그 행동을 반복하고 싶은 충동이 생기는지 보세요."
- "알겠습니다. 그럼 가장 최근 이 일이 일어났던 그 시간을 떠올려 보세요. 그 장면을 마치 지금 일어나는 것처럼 최대한 생생하게 기억해 내 보세요. (이후 상담자는 상황, 생각, 느낌을 찾기 위해 연결되는 질문들을 다음과 비슷하게 한다.) 당신은 지금 어디에 있

나요? 무엇을 하고 있지요? 몇 시인가요? 무엇이 보이고, 무엇이 들리나요? 지금은 무엇을 하고 있나요? 누가 당신과 함께 있나요? 그 사람은 뭐라고 말하고 있나요? 그 사람은 무엇을 하고 있나요? 뭐가 느껴지나요? 무엇을 생각하고 있나요?"

보상 찾기

다음으로 보상 칸을 채워 넣는다. 여기서도 내담자는 많은 경우에 쉽게 자신의 행동의 보상에 대해 생각해 내지 못하기 때문에 우리는 약간의 심리 교육을 진행해야 한다. 우리는 거의 모든 '문제가 되는' 행동들이 보상의 (서로 자주 겹치는) 네 가지 주요 범주 안에 속한다고 설명한다.

- 기분이 좋아진다.
- 불편한 생각과 느낌을 피하거나 없앨 수 있게 된다.
- 불쾌한 상황으로부터 벗어날 수 있다.
- 관심을 받는다.

이에 대한 설명을 마친 후 내담자가 해당 행동을 할 때 앞서 언급된 이득 중에서 하나라도 얻어지는 게 있는지 물어볼 수 있다. 다음 예시에서는 분노 조절을 위해 상담을 찾아온 내담자를 만나게 된다. 그는 자신의 공격적인 행동의 원인들은 쉽게 찾아냈지만 그 행동의 보상에 대해서는 알고 싶어 하지 않거나 알지 못하는 것 같다. 그의 원인-행동-보상 표는 다음과 같이 완성되었다.

원인 (행동 이전의 상황, 생각, 느낌)	행동 (유기체가 행하는 무엇)	보상 (행동의 결과 중 그 행동 을 유지시키는 것)
〈상황〉 내가 집에 너무 늦게 들어왔다고 아내가 불평하고 있음 〈생각〉 "잔소리가 정말 많은 여자야." "항상 칭얼대는군." "좀 작작하면 안 되나? 나에게도 휴식이 필요해." 〈느낌〉 분노, 짜증	• 소리 지르기, 욕하기, 물건 깨부수기, 폭력으로 위협하기	

(비고: 당연한 소리로 들릴 수 있겠지만 우리는 항상 문제 행동을 비판단적인 언어로 설명해야 한다. 절대로 '남편에게 바가지 긁기' '게으름뱅이처럼 소파에서 뒹굴기'라고 묘사하지 않는다. 그 대신 '남편에게 짜증 난 말투로 무엇인가를 하라고 반복적으로 이야기하기' 혹은 '소파에 누워서 6시간 동안 잡지를 읽다가 졸고 다시 TV 보기'와 같이 이야기한다. 따라서 앞의 표에서도 공격적인 행동을 '괴롭히기'나 '학대하기'와 같은 판단적인 용어 대신 비판단적인 단어를 사용한 것을 볼 수 있다.)

상담자가 내담자의 보상을 명료화할 수 있도록 하는 예시는 다음과 같다.

상담자: 가끔은 우리의 행동에 대한 보상을 알아차리는 게 쉽지 않습니다. 하지만 대부분 4개의 주요 범주에 속하지요. 기분을 좋게 한다, 기분 나쁜 상태에서 벗어나게 한다, 어려운 상황에서 벗어날 수 있게 한다, 관심을 준다. 지금 보니 당신의 목적 중 하나는 어려운 상황

에서 벗어나는 것이었던 것 같아요. 여기에 당신은 휴식이 필요하다고 적었고, 칭얼대는 것을 그만했으면 좋겠다고 적었어요. 결국 그렇게 되었나요?

내담자: 네, 그냥 침실로 달려가던걸요.

상담자: 그렇군요. 자, 거기에서 큰 보상이 있었네요. 당신의 행동이 불쾌한 상황으로부터 벗어나게 해 주었어요. 안도감이 느껴졌나요?

내담자: 당연히 그랬지요!

상담자: 그렇다면 보상 두 가지가 더 추가되는군요. 분노나 짜증과 같은 불쾌한 느낌을 없앨 수 있었고, 어느 정도 좋은 느낌을 경험하게 되었네요.

이런 방법을 사용하더라도 여전히 보상이 내담자에게 명료해지지 않는다면 우리가 직접 내담자에게 비판단적으로 설명해 줄 수 있다.

보상 칸을 다 채운 후 다시 효율성 개념으로 돌아갈 수 있는데, 다음 예시가 그 과정을 보여 준다(바로 앞의 시나리오부터 이어진다).

상담자: (행동 칸을 가리키며) 이 행동은 제대로 된 보상을 가져다주는군요. (보상 칸을 가리키며) 이런 상황에서 벗어나게 해 주고(원인 칸에서 나오는 상황을 가리키며), 이런 생각과 느낌을 없애 주고(원인 칸에 생각과 느낌을 적어 놓은 것을 가리키며), 또 안도감까지 주네요. 그런데 다시 이쪽으로 가 봅시다. (제6장에서 설명되는 과녁 활동지를 꺼내어 관계 칸을 가리킨다.) 당신은 당신의 결혼 생활을 위해 노력하고 싶어 했지요? 그럼 당신이 원하는 결혼 생활을 만들어

가는 것이 표적이라면 지금 이 행동은 그 표적으로 가까이 가도록

하나요? 아니면 더 멀리 가도록 하나요?

내담자가 자신의 행동의 비효율성을 깨닫게 되면 상담자는 그 다음 단계로 다른 대체 행동들을 살펴볼 수 있다. 하지만 '기능 분석에 근거하여 효과적인 개입 만들기'라는 주제로 넘어가기 이전에 하나 짚고 넘어가야 할 것이 있다. 걱정하기나 반추하기와 같은 과정들은 거의 모든 사람에게 동일한 강화 효과를 갖는다. 첫째, 그런 과정들은 매우 인지적인 과정들로서 우리를 자꾸 생각 안으로 끌어당김으로써 몸에서 느껴지는 불쾌한 느낌들을 피할 수 있도록 한다. 둘째, 그런 과정들은 마치 우리가 문제를 해결하려고 열심히 노력한다는 느낌을 갖게 한다. 많은 내담자는 이러한 보상들을 인식하지 못하고 있기 때문에 우리는 그들에게 이에 대해 설명해 줄 수 있다. 이것은 심리 교육의 중요한 부분이다. 하지만 과도한 걱정을 하는 내담자들은 그들의 걱정하기 행동의 또 다른 흔한 보상에 대해서 잘 알고 있다. 그것은 걱정을 함으로써 최악의 상황에 대비할 수 있도록 한다는 점이다. 이번 장의 초반에 제시되었던 직장에서 과도한 걱정을 하는 내담자에 대한 기능 분석표를 보면 지금 언급한 세 가지의 보상이 모두 적혀 있다.

효과적인 개입 만들기

표를 완성한 후에는 ACT 삼각형의 어느 꼭지에서든 마음챙김이나 가치 혹은 둘 다에 기반한 개입들을 쉽게 생산해 낼 수 있다. 직장에서 걱정을 하는 내담자 예시에서는 '중요한 것 하기' 꼭지로 가서 내담자가 가지고 있는 직장 관련 가치에 대해 물어볼 수 있다. 내담자가 생산성, 효과성, 능숙함 등을 자신의 가치로 꼽았다고 치자. 그 경우에 우리는 "너무 당연한 말을 하는 것일지도 모르겠지만 직장에서 걱정을 하고 있는 것은 그 가치에 부합한 행동은 아닌 것 같네요."라고 말할 수 있다.

내담자가 걱정하는 것이 비효율적인 행동이라는 것을 알게 되면 우리는 그 행동을 대체할 수 있는 효율적인 행동을 고려해 볼 수 있다. 삼각형의 어느 꼭지를 선택해도 좋다. 예를 들어, '마음 열기' 꼭지에서 행동을 선택해 볼 수 있다.

상담자: (원인 칸을 가리키며) 다음에 또 그런 생각과 느낌이 발생할 때, 그
        것들을 다른 방식으로 다룰 수 있게 되면 도움이 될 것 같네요. 그
        것들이 당신에게 영향을 조금 덜 미칠 수 있도록 말이에요. 걱정하
        기 외에 좀 더 효과적인 행동을 해 볼 수 있으시겠어요?

상담자는 여기서 '마음 열기' 행동들(걱정을 위한 탈융합 기법과 불안 신체 감각을 위한 수용 기법)을 소개한다.

물론 우리는 '중요한 것 하기' 꼭지에서 시작하여 머물러 있을 수 있다.

상담자: 다음에 이런 원인들이 발견되면 걱정하는 것 말고 다른 것을 해 보실 수 있을 것 같아요. 당신의 가치에 좀 더 효과적으로 부합할 수 있는 것들이요.

이런 말을 한 후 상담자는 건설적인 문제 해결이나 효과적인 행동 계획 세우기와 같은 새로운 '중요한 것 하기' 행동들을 소개할 수 있다. 물론 '현재에 있기' 꼭지에서 시작할 수도 있다.

상담자: 그런 생각과 느낌이 발생하면 주어진 일에 집중하기가 힘들어지는 것 같네요. 어떤 면에서는 그런 현상이 '걱정하기'의 실체를 잘 드러내 주는 것 같아요. 미래에 뭔가 잘못되지 않을까라는 생각에 너무 몰입하게 되어서 지금 여기에서 우리가 하고 있는 것과 접촉하지 못하게 되지요. 그리고 당신이 더욱 산만해지고 집중을 못할수록 당신의 일은 부정적인 영향을 받게 되고요. 여기서 정말 도움이 될 수 있는 것은 과제에 초점을 두는 기술을 배우는 일이에요. 즉, 당신의 생각과 느낌에 빠지기보다 주어진 일에 집중을 유지하는 기술을 개발하는 것이죠. 일에 초점을 두어 집중하게 되면 걱정을 덜하게 되기도 하지만 삶의 다른 영역에서 성공할 수 있는 비결을 얻게 되는 것이기도 해요. 우리가 무엇인가를 잘하고 싶다면, 예를 들어 운전하기이든, 사랑 나누기이든, 테니스 치기이든, 음식 만들기

이든 그 순간 하고 있는 것에 집중을 하고 적극적으로 참여해야 합니다.

이후, 상담자는 과업 초점적 주의를 위한 모든 종류의 '현재에 있기' 행동들을 소개할 수 있다. 마음챙김 호흡하기, 마음챙김 걷기, 마음챙김 먹기, 마음챙김 마시기, 마음챙김 듣기, 마음챙김 신발 끈 매기 등이 있다.

마지막으로 우리는 보상 칸의 내용을 효율성의 관점으로 다시 보고, 보상 요소와 비용(희생) 요소를 비교해 볼 수 있다. 이에 대한 예시를 보여 주기 위해 이전에 나왔던 마약 중독 내담자 사례를 다시 살펴보자.

상담자: (행동 칸을 가리키며) 마약을 하는 것은 확실히 당신에게 어떠한 큰 보상을 주는 것 같아요. (보상 칸을 가리키며) 마약은 당신이 느끼는 불쾌한 생각과 감정들을 즉각적으로 없애 주고 당신을 좀 더 나은, 느긋하고 여유 있는 상태로 데려가지요. 그런데 이것이 장기적으로는 어떤 안 좋은 영향을 줄까요?

여기서 상담자는 내담자가 심리적으로 장기적 측면에서의 행동으로 인해 치러야 하는 대가에 대해 생각해 보고 접촉하도록 한다. 그러기 위해서 상담자는 "이게 장기적으로 당신이 살고 싶은 삶을 살도록 돕나요?"라고 물어볼 수 있고, 구체적으로는 "이것이 당신이 바라는 결혼(직장, 건강 등) 생활을 주나요?" 아니면 "이것이 당신의 관계에 어떤 영향을 주나요?" 혹은 "이것이 당신이 원하는 아버지가 될 수 있도록 하나요?"라고 할 수 있다.

만약 상담자가 전형적인 과녁 활동지를 활용한다면 상담자는 "이 것이 과녁의 한복판으로 더 가까이 데려가나요, 아니면 더 멀리 데려 가나요?"(매우 강력한 ACT 도구인 과녁 활동지에 익숙하지 않다면 제6장 에 자세히 설명되어 있으니 먼저 그 부분을 숙지한 후 계속 읽어 가는 것을 권장한다.)라고 할 수 있다.

기능 분석의 이점

기능 분석(즉, 원인, 행동, 보상)이 얼마나 유용한지에 대해 생각해 보는 시간을 가져 보자. [행동 분석에서는 ABC(A-선행사건, B-행동, C-결과) 분석이라고도 한다.] 기능 분석은 내담자가 어떤 행동을 보이 든지 그 행동의 기능을 이해하는 데 도움을 준다. 구토하기, 폭식하 기, 반추하기, 보복 공상하기, 자살 시도하기, 도박하기, 위안 찾아 나 서기, 파티 피하기 등 어떤 행동이든지 가능하다. 기능 분석을 통해 우리는 특정 행동을 하게끔 하는 그 무엇(원인)과 그 행동을 유지하게 끔 하는 그 무엇(보상)을 명확히 할 수 있다. 또한 특정 행동의 효율성 (보상 vs. 비용)에 대해 열린 마음으로 살펴볼 수 있는 상황을 조성해 준다. 마지막으로 기능 분석은 ACT의 육각형 혹은 삼각형의 어느 부 분에서든 다양한 개입을 만들어 낼 수 있도록 한다. 다시 말해, 이것 은 ACT 상담의 걸림돌을 제거하는 최고의 도구라고 할 수 있다!

실험

- 원인-행동-보상 분석을 2회 진행하라. 현재 만나고 있는 내담자 중 공적 행동을 주로 보이는 내담자 한 명과 사적 행동을 주로 보이는 내담자 한 명을 선택하라.
- 이 두 내담자에 대한 완성된 원인-행동-보상 표를 활용하여 다음 회기를 위한 개입을 모색하라.
- 다음 한 주 동안 한 명의 내담자와 상담 회기 중에 원인-행동-보상 분석을 진행하라.
- 행동 분석에 대해 좀 더 배우고 싶다면 가장 뛰어난 기초 단계의 책인 『인간행동의 ABC(The ABCs of Human Behavior)』(Ramnerö & Törneke, 2008)를 추천한다.

제2부

난관 극복하기-내담자 편

제5장
저항하는 내담자

저항하는 내담자는 다양한 모습과 크기로 나타난다. 그녀는 법원, 의료 보험 회사, 정부 복지 기관으로부터 상담 치료를 의무적으로 받도록 명령을 받았을 수 있다. 그는 '정신을 똑바로 차리지 않으면' 떠날 것이라고 협박하는 배우자나 해고하겠다는 상사 때문에 상담에 왔을 수도 있다. 그녀는 좋은 뜻으로 상담을 권유하는 가족과 친구 때문에 상담을 시작하게 되었을 수도 있다. 상담소 방문 경로가 어찌되었든 주저하는 내담자라면 어쨌든 열정이나 의지가 없고, 개방적이지도 않다. 그들은 결코 우리에게 관심이 가는 고객이 아니다.

주저하는 내담자의 마음을 얻어 내는 4단계

ACT의 주요 개척자 중 한 명인 켈리 윌슨(Kelly Wilson)의 아이디

어를 빌려 우리가 팔려고 하는 ACT를 주저하는 내담자가 사게끔 할
수 있는 4단계를 제시하자면 다음과 같다.

① 공감하기
② 정상화하고 타당화하기
③ 가치 선포하기
④ 자유의지 스위치 비유 사용하기

이 단계를 하나씩 살펴보기 전에 나는 성인 내담자들을 만나는 상
담자라는 것을 밝혀 두고 싶다. 나는 아동과 청소년을 대상으로 일
해 본 적이 전혀 없기 때문에 지금부터의 내용은 아동 · 청소년 연령
대에게는 부적절할 수도 있다. 만약 당신이 아동 · 청소년들과 만나
는 상담자라면 이 장에 나오는 내용을 적용하는 데 있어 신중하길 바
라고, 조금이라도 의심이 들면 사용하지 마라. (그리고 ACT 모형을 항
상 당신만의 스타일로 당신이 만나는 내담자와 맞게 적용할 수 있도록 조정
하라.)

1단계: 공감하기

우선 내담자의 입장이 되어 보는 것으로 시작한다. "만약 제가 누
군가를 강제로 만나야 한다면 정말 기분이 좋지 않을 것 같네요. 개
인적으로 전 다른 사람이 저에게 이래라저래라 간섭하는 것은 질색
이랍니다. 만약 제가 당신의 자리에 앉아 있다면 정말 짜증이 나 있

을 것 같아요. 그래서 전 당신이 지금 어떤 마음인지 궁금하네요."

2단계: 정상화하고 타당화하기

내담자들은 1단계에 대해 다양한 반응을 보일 것이다. 어떤 사람은 자신의 답답한 마음과 분노를 표출하는 기회로 삼을 것이고, 어떤 사람은 부인하는 반응을 보이며 "아니에요! 전 여기에 와 있는 게 정말 괜찮아요. 진심이에요!"라고 말할지도 모른다. 또 다른 사람은 자신의 느낌을 솔직하게 나누는 시간을 갖기도 한다. 내담자의 반응이 어떠하든 우리는 그것을 정상화하고 타당화한다. 예를 들어, "정말 이해합니다. 입장을 바꿔 놓고 생각해 보면 저도 당신이 느끼는 걸 거의 똑같이 느낄 것 같아요."라고 말할 수 있다.

괜찮다고, 좋다고, 별 느낌 없다고 이야기하는 내담자에게는 "그렇게 이야기하시니 좀 놀랍기는 하네요. 하지만 뭐 우리는 모두 삶의 어려움에 대해 자신만의 방식으로 대처하지요. 여기에 와 있는 게 그리 나쁘지 않다면 저도 좋습니다."라고 말할 수 있다.

3단계: 가치 선포하기

이상적으로는 이 3단계인 가치 선포하기에 들어가기에 앞서 약간 공손하게 시작하는 것이 좋다. 예를 들어, "매우 중요한 이야기를 하려고 하는데, 사실 앞으로 제가 말하는 내용에 대해 당신이 처음부터 믿을 거라고는 기대하지 않아요. 사실 제가 이 이야기를 당신한테 하고 나면 당신은 '와, 이 사람 정말 허풍이 심하다.'라고 생각하게 될 거예요. 그래도 괜찮습니다. 믿지 않아도 되지만 여전히 제가 말씀드리는 것은 중요합니다."

그 후 우리의 가치를 선포한다. 무엇이 우리로 하여금 이 일을 하도록 하는지에 대해서 말이다. "저는 사람들이 더 나은 삶을 만들어 가는 것이 정말 의미 있다고 생각하기 때문에 이런 일을 하고 있습니다. 따라서 제가 법원(당신의 상사, 배우자, 고용주 등)을 위해 여기에 있는 것이 아닙니다. 사실 저는 당신을 위해 여기에 있어요. 당신이 생각하는 더 나은 삶을 만들어 나갈 수 있도록 돕고 싶어서요. 진심입니다. 저는 법원(당신의 상사, 배우자, 고용주 등)이 '더 나은 삶'을 어떻게 정의하는지에는 관심이 없지만 당신이 어떻게 정의할지에는 관심이 있어요."

내담자가 "당신은 돈을 위해 여기에 앉아 있을 뿐이에요."라고 말한다면 이렇게 대답할 수 있다. "그건 정말 자연스러운 생각이에요. 그리고 사실은 맞는 말이고요. 전 이 일을 하면서 돈을 받고 있거든요. 하지만 돈만을 보고 여기에 있는 것은 아닙니다. 저는 사람들이 좀 더 나은 삶을 만들어 가는 것을 돕는 데 큰 가치를 두고 있어요. 다시 말하지만, 당신은 이 말을 꼭 믿어야 할 필요는 없어요. 내가 그저 돈을 위해서 여기 앉아 있다고 생각한다면 그것도 괜찮아요. 제가 제일 하기 싫은 일은 이런 일로 당신을 설득하는 데 우리의 시간을 허비하는 것입니다."

4단계: 자유의지 스위치 비유 사용하기

이제 드디어 자유의지 스위치 비유를 내담자에게 소개한다.

상담자: 더 얘기하기 전에 지금 제가 말하는 것을 상상해 보셨으면 좋겠어
요. 지금 당신 앞에 자유의지 스위치가 있다고 상상해 보세요. 스위
치가 꺼져 있을 때는 당신은 자유의지에 반하여 여기에 와 있는 것
입니다. 당신 자신을 위해 여기에 있는 것이 아니라, 그저 법원(당
신의 상사, 배우자, 고용주 등)이 강요(협박, 강압, 떠밀기, 들볶기,
괴롭히기 등)를 해서 와 있는 것이지요. 그렇기 때문에 자유의지 스
위치가 꺼져 있을 때 여기에 와 있는 것은 완전히 시간 낭비일 것
입니다. 물론 당신을 보낸 그 사람들을 달래거나 진정시킬 수는 있
지만 당신을 위한 이득은 아무것도 없지요. 상담 회기 시간을 정말
다양한 방식으로 소모할 수 있어요. 당신을 보낸 사람들에 대해 불
평하거나, 나에게 화를 내거나, 먼 산을 보고 있거나, 단답형 대답
만 하거나, 아니면 내가 듣고 싶어 한다고 생각하는 말들만 늘어놓
거나 하면서요. 뭘 하든지 간에 이런 시간은 정말 큰 시간 낭비입니
다. 하지만 그 자유의지 스위치를 켜면 모든 게 달라집니다. 그 스
위치가 켜지는 순간부터 당신은 여기에 자신을 위해 있게 됩니다.
다른 어떤 사람이 아닌 당신 자신을 위해 말이에요. 당신은 이 상담
회기 시간을 당신의 이익을 위해 사용하고, 당신의 삶을 어떤 식이
로든 더 나아지게 만들 그 무언가를 얻어 갑니다. 기억하지요? 저의
목표는 사람들이 더 나은 삶을 살 수 있도록 도와주는 거예요. 당신

이 그 자유의지 스위치를 켜는 순간 당신은 내가 가진 자원을 사용
할 수 있게 될 것이고, 당신의 삶이 어떤 식이로든 나아질 수 있게
함께 노력할 수 있어요. 여기서 '더 나아지는' 것은 당신의 정의를
이야기하는 것입니다. 법원(당신의 상사, 배우자, 고용주 등)의 정
의가 아니라요. 자, 중요한 것은 당신이 이 스위치를 켜든지, 아니
면 계속 꺼져 있게 하든지를 결정하는 것은 이 상담 회기를 하고 말
고에는 영향을 주지 않을 거예요. 그저 여기에 당신이 있는 것이 시
간 낭비일지, 아니면 당신의 삶에 긍정적인 변화를 가져오게 될지
를 결정지어 주는 거지요. 물론 그 누구도 당신보고 이 스위치를 켜
라고 할 수 없어요. 이건 정말 당신이 결정하는 거랍니다. 그럼 스
위치를 켜시겠어요, 아니면 계속 꺼져 있게 두시겠어요?

대부분의 내담자는 스위치를 켜겠다고 동의한다. 어떤 내담자가
계속 꺼 놓겠다고 한다면 이렇게 말할 수 있다. "좋습니다. 결국 저는
당신이 당신의 의지에 반해서 무엇을 하게끔 할 힘은 없어요. 이 시
간을 효과적으로 보낼 수 있는 유일한 방법은 우리가 한 팀으로서 일
하는 것이고 함께 더 나은 삶을 만들어 가는 것입니다. 스위치가 꺼
져 있다면 이 시간은 당신뿐만 아니라 나에게도 시간 낭비예요. 그럼
그냥 상담 회기를 여기서 마칠까요?"

이 시점에서 내담자는 보통 항의를 한다. "하지만 그렇게 되면 전
교도소에 가게 될 거예요(제 아내가 저를 떠날 거예요, 상사가 저를 해고
할 거예요, 제 아이를 아동 보호소에서 데려올 수가 없어요.)."라고 반대
한다. 그럼 우리는 "알겠어요. 그럼 스위치를 켜고 당신이 교도소에

가게 될 위험이 없는(상사가 해고하겠다고 위협하지 않는, 당신의 배우자가 떠날 거라고 위협하지 않는, 당신의 아이가 아동 보호소에 갈 일이 없는) 더 나은 삶을 만드는 것이 우리가 여기서 함께하는 작업이 되도록 하는 것은 어떨까요?"라고 대답할 수 있다. (한번은 "여보시게, 친구. 내가 여기 상담하러 왔다고 당신이 편지 한 장만 써 주면 돼요."라고 말하는 내담자도 있었다. 난 그때 엄청 긴장하면서 "그래요. 전 편지를 이렇게 써 줄 의향은 있어요. '이 사람은 상담에 왔었고, 약 30분 후 우리가 함께 유용한 작업을 할 수 없겠다는 것이 명백해져서 회기를 끝맺었다.'라고요."라고 대답했다.)

　자유의지 스위치의 훌륭한 점은 상담에서의 안건들을 분명하게 공유할 수 있다는 점이다. 억지로 와서 앉아 있는 사람과 작업하는 것은 보통 별 의미가 없다. 하지만 어떤 경우에 우리는 내담자의 스위치가 꺼져 있는 상태이더라도 적어도 몇 회기는 함께 견디기로 결정 내릴 수 있다. 그런 경우에도 자유의지 스위치는 기준점(reference point)으로 사용될 수 있다. "그래요. 계속 해 보지요. 가끔 제가 그 자유의지 스위치가 켜져 있는지 꺼져 있는지 확인해 달라고 요청할 거예요. 아마 당신이 그 스위치를 켜 놓게 될 때 상담 회기에서 더 많은 것을 얻어 가게 될 거예요. 하지만 꺼져 있을 동안에는 당신이 여기서 함께하는 시간이 매우 소모적이라고 느낄 것입니다. 꺼져 있을 때는 보통 사람의 진을 쏙 빼 놓거든요."라고 말할 수 있다.

　그 후 만약 내담자가 자발적으로 참여하거나 관심을 보이고 자신을 개방하거나 어떤 긍정적인 기여를 하게 된다면, 그 변화가 아무리 작더라도 제3장에서 논의된 것처럼 우리는 그 행동을 긍정적으로 강화하도록 최선을 다해야 한다.

　만약 내담자의 스위치가 켜지고, 내담자가 더 나은 삶을 함께 만들어 가자는 안건에 합의를 한다면 출발이 좋은 것이다. 필요하다면 자유의지 스위치를 언제든지 다시 언급할 수 있다. 예를 들어, 회기 중에 내담자가 창밖을 멍하니 응시하면서 단답형으로 대답을 하기 시작한다면 "보아하니 자유의지 스위치가 막 꺼진 것 같군요. 어떻게 생각하세요?"라고 말할 수 있다.

과정 수정하기

　이 4단계 과정은 모든 주저하는 내담자를 위한 마술봉은 아니지만 매우 유용하게 사용될 수 있고, 필요하다면 물론 상황에 맞게 수정될 수도 있다. 예를 들어, 예전에 정부 기관에서 일하는 상담사 몇 명이 나에게 찾아온 적이 있었다. 그들은 실업자들이 다시 취업할 수 있도록 돕는 어려운 일을 맡고 있었다. 그들이 만나는 내담자들은 상담 동기가 높지도 않았고, 다시 일자리를 구하고 싶은 마음도 없었다. 이 내담자들은 상담실에 나타나지 않으면 실업 수당을 받지 못하기 때문에 마지못해 오고 있었다. 그 상담사들과 나는 다음의 접근을 생각해 냈다.

상담자: 제가 당신과 작업할 수 있는 두 가지 방식이 있을 것 같아요. 하나는, 제가 정부가 보낸 사람 역할을 하면서 무슨 일이 있어도 당신이

다시 일자리를 갖도록 하는 거예요. 하지만 솔직히 말해 전 그런 방식으로 일하는 건 별로 좋아하지 않아요. 제가 선호하는 방식은 두 번째 방식인데, 그것은 제가 이 상담실에서 만나는 사람들이 그저 좀 더 나은 삶을 만들어 가게끔 돕는 거예요. 즉, 우리는 하나의 팀이 되어서 당신이 더 나은 삶을 만들어 가도록 함께 노력하는 것이지요. 여기서 '더 나은 삶'의 구체적인 모습은 정부가 아니라 당신이 정의하는 것입니다. 저의 목적은 당신이 다시 일자리로 돌아가든 말든 더 나은 삶을 만들어 가도록 돕는 것이에요. 저의 고용주들이 제가 이런 말을 하는 것을 알면 그리 좋아하지는 않겠지만 이게 사실입니다. 그럼 제가 지금 말씀드린 두 방식 중에 어떤 방식으로 저와 함께하시겠어요?

이 방식은 매우 실질적이다. 왜냐하면 내담자가 정말 다시 취업을 할 마음이 없다면 그는 그냥 직장에서 명백한 문제를 일으켜서 고용주가 자신을 해고하도록 하면 되기 때문이다. 하지만 ACT 관점에서 보면 우리는 진심으로 이 내담자가 다시 일터로 돌아가는 것과 무관하게 더 풍요롭고 충만한 삶을 살기를 바란다. 역설적인 점은, 사람들은 대부분 자신의 가치와 접촉을 하게 되면 일터로 돌아가고 싶어 한다는 것이다. 우리가 그들에게 다시 일터로 돌아가라고 강요할수록 결과는 좋지 않을 것이다.

물론 어떤 내담자들은 자신이 자유의지 스위치를 켠 것처럼 보이지만(혹은 그렇게 했다고 주장을 하지만) 사실상 그렇지 않았을 수도 있다. 이것은 내담자가 장황한 비난을 늘어놓거나, 자신의 문제를 남

탓으로 모두 돌리거나, 다른 사람들이 잘못을 했다고 우기면서 자신이 할 수 있는 것은 아무것도 없다고 하거나, "제가 왜 바뀌어야 하나요? 전 지금 제 모습이 좋아요!"라고 항의하는 것으로 나타날 수 있다. 우리는 이러한 주제들을 어떻게 다루어야 할까? 이에 대한 답은 제6장과 제8장에서 찾을 수 있다.

실험

- 앞서 제시된 4단계 과정을 당신만의 스타일에 맞게 수정한 후, 사적인 공간에서 몇 번 연습을 해 보라. 이상적인 방법은 거울 앞에서 혹은 녹음기에 대고 큰 소리로 말해 보는 것이다. 이렇게 하는 이유는 이 과정을 연습하지 않는다면 다음에 당신이 이 단계를 꼭 필요로 할 때 기억하지 못할 것이기 때문이다. 그저 이 장을 눈으로 읽는 것만으로는(2~3번 반복해서 읽더라도) 이 접근을 효과적으로 적용할 수 없다고 보면 된다.
- 다음에 주저하는 내담자를 만나게 되면 실제로 4단계를 시도해 보고 어떤 일이 벌어지는지 보라.

제6장
초점 유지하기

내담자들은 종종 상담자가 상담 회기를 위한 목표를 세우지 않거나 목표는 세웠지만 그것을 이행하지 못하기 때문에 ACT의 난관에 부딪히게 된다. 이 장에서는 그 두 경우를 다룬다.

하고자 하는 것으로 시작하기

"한 주 동안 어땠나요?"나 그와 유사한 질문으로 회기를 시작한다면 그 이후 작업이 매우 번거로울 것이다. 집중이 가능하고, 상담에 대한 동기가 있고, 초점을 유지하고, 지속적으로 발전을 보이는 내담자에게 이러한 광범위하고 초점이 없는 질문을 하는 것은 괜찮다. 그렇지만 상담에 올 때마다 난관에 빠져 있거나, 집중하기 어려워하거나, 동기가 없거나, 초점에서 자꾸 벗어나는 내담자에게는 위험할 수 있다. 우리에게 돌아올 것이라고는 고작 잡담과 수다 떨기일 것이다.
이것은 내담자에게 그리 도움이 되지 않으며, 소중한 상담 회기 시간
을 허비하는 꼴이 되고 만다. 이와 더불어 '이번 한 주 동안 겪었던 문
제들'을 쏟아붓거나 자신이 가지고 있는 어려움, 걱정, 후회를 되풀
이하여 이야기하는 등 한번 이 길로 빠지게 되면 다시 초점으로 돌아
오기 힘들어진다.

그러므로 난관에 빠진 내담자를 만날 때에는 다음과 같은 좀 더 지
시적인 질문들로 회기를 시작하는 것이 좋다.

- "가치에 걸맞은 삶을 살아 냈나요?"
- "마음챙김 연습은 잘 하고 계세요? 저번에 배웠던 탈융합(수용,
  현재 순간에 머무르기 등) 기법은 어땠나요?"
- "그 활동지(연습, 실천 계획 등)는 어땠나요?"

내담자가 자신이 세운 목표를 잘 이행해 나가고 있다면 다음의 (새
로운 행동을 강화하기 위한) 추가 질문들을 할 수 있다.

- "(해 보니) 어땠어요?"
- "어떤 변화를 가져왔나요?"
- "또 언제 그걸 해 봤나요?"
- "그랬더니 당신의 배우자(아이, 친구 등)에게 어떤 영향을 주던
  가요?"
- "어떻게 하면 그것을 좀 더 할 수 있을까요?"

• "그걸 당신의 삶의 다른 부분에도 어떻게 적용해 볼 수 있을까요?"

만약 내담자가 자신이 세운 목표를 이행하지 못했다면 공감적인
태도로 이렇게 이야기할 수 있다. "사실 무엇을 하겠다고 말해 놓고
는 실제로 이행하지 못하는 경우가 흔하지요. 누구나 경험하는 일이
에요. 저 또한 수도 없이 그랬지요. 그럼 오늘은 그 목표를 이행하는
데 걸림돌이 되었던 것들을 함께 살펴보고, 다음에 또 그런 일이 발
생하면 어떻게 걸림돌들을 다룰 수 있을지 이야기하는 것으로 시작
해 볼까요?"

내담자가 동의한다면 함께 걸림돌들을 찾는 시간을 갖는다. FEAR
이라는 두문자어를 제시함으로써 이 시간을 촉진할 수 있다.

F = Fusion(융합)

E = Excessive goals(과도한 목표)

A = Avoidance of discomfort(불편함의 회피)

R = Remoteness from values(가치로부터 멀어짐)

FEAR 그리고 이에 대한 해독제인 DARE(Defusion-탈융합,
Acceptance-수용, Realistic goals-현실적인 목표, Embracing values-가
치 받아들이기)에 대한 자세한 탐색은 『쉬운 수용전념치료(ACT Made
Simple)』(p. 216)를 참고하길 바란다.

자신의 걸림돌을 살펴보는 것을 꺼려 하는 내담자를 위해서는 이

번 장의 후반부에 제시되는 몇몇 전략들을 활용할 수 있다. 하지만 먼저 우리 자신을 솔직하게 돌아보도록 하자.

ACT 상담자들이 왜 새로운 전략을 시행하지 않는가

이 책에서는 ACT 상담의 걸림돌을 제거하는 많은 전략들을 살펴볼 것이다. 그리고 내가 장담하건대, 당신은 이것들을 활용하든지 활용하지 않든지 할 것이다. (100% 장담, 틀리면 전액 환불이다!) 그렇다면 더욱 효과적일 수 있는 새로운 전략을 시도하는 데 상담자에게 걸림돌이 되는 것들을 생각해 보는 시간을 가져 보자. 잠시 멈추고 이 질문에 대해 생각해 보길 바란다.

안전지대를 뛰어넘어 새로운 전략을 시행해 볼 수 있는 기회가 주어질 때면 우리는 다음과 같은 생각을 갖게 될 가능성이 있다. '내담자가 좋아하지 않을 거야.' '그녀는 내가 무례하다고 생각할 거야.' '그는 내가 무정하다고 생각할 거야.' '그녀가 기분 상해 할 수 있어.' '그가 화를 낼지도 몰라.' '그녀가 나에 대해 불평을 할지도 몰라.' '치료적 동맹을 망치게 될 거야.' '난 이런 훈련을 충분히 받지 않았어.' '하는 데 편하지가 않아.' '잘못해서 망칠지도 몰라.' '너무 강압적인 것 같아.'

이러한 리스트는 계속될 수 있다. 이와 더불어 우리는 불안, 두려움, 불확실성, 주저함을 느끼고, 심장은 쿵쾅거리고, 손은 땀에 젖고, 쥐어짜는 듯한 복부 통증 등을 느낄 가능성이 있다.

물론 우리도 이 지구상의 다른 사람들처럼 경험 회피적이다. 우리는 불편한 생각들과 감정들을 싫어하고, 그것들을 피하거나 없애고 싶어 한다. 그럼 그것을 하기 위한 신속하고 효과적인 방법은 무엇이 있을까?

맞다. 새로운 전략을 시도하기보다 우리는 그저 해 왔던 것들을 더 하는 식으로 진행한다. 이렇게 하면 단기적으로는 불안을 덜 느끼게 된다(당연히 이것은 큰 보상이 되는 현상이며 강화 효과가 매우 큰 결과이다). 하지만 장기적으로는 내담자는 계속 걸림돌에 부딪히고, 우리는 새로운 기술을 배울 기회가 없어지며, 반복되는 오래된 일상적인 틀에 빠져서 지루함과 좌절감을 느끼게 된다. 그렇기 때문에 우리는 "나의 내담자를 돕기 위해 불편함을 느낄 준비가 되어 있는가?"라는 질문을 스스로에게 자주 해야 한다.

만약 "아니요."라고 대답한다면 우리 자신부터 다루어야 할 부분이 있다는 증거이다.

만약 "예."라고 대답한다면 불편한 생각과 느낌이 올라올 때 탈융합과 수용으로 반응을 하도록 노력하고, 돌봄과 공헌의 가치와 접촉하도록 하는 게 큰 도전이 될 것이다. 우리는 그 가치를 위한 행동을 하기로 약속하고, 안전지대에서 나와 새로운 것을 시도한다.

초점이 없거나 성과가 없었던 상담 회기 인정하기

뭔가 행동 실천 계획 하나 없이 문제에 대해 이야기만 하다가 끝낸 초점이나 성과가 없었던 상담 회기가 몇 번 있었다고 하자. 이런 경우에는 다음 회기에서 솔직하게 인정하는 것으로 시작하는 것이 좋다. 두 가지 예시를 들자면 다음과 같다.

- "오늘 더 깊이 들어가기 전에 먼저 당신에게 사과해야 할 것 같은 마음이 드네요. 지난 몇 회기 동안 제가 조금은 초점 없는 비생산적인 상담을 이끌어 간 것 같아요. 예를 들어, 지난주에는 그냥 당신의 문제들에 대해 이야기만 늘어놓도록 허용했어요. 결국 우리는 문제에 대해 이야기하는 데 너무 많은 시간을 보내서 건설적인 무언가를 할 기회가 없었어요."
- "지난 몇 회기 동안 우리는 당신의 걱정(후회, 과거의 상처 등)에 대해 이야기하는 데 너무 많은 시간을 보낸 것 같아요. 지금 여기에서 더 나은 사람을 만들어 가는 관점에서 실질적인 무언가를 할 기회가 없었습니다."

물론 당신의 말투도 동일한 메시지를 전달해야 한다. 여기서 핵심은 개방적이고 솔직하게 말하는 동시에 동정 어리고 비판단적으로 해야 한다는 것이다. 상담 회기를 초점 있게, 생산적이게 진행하는 것은 내담자의 몫이 아니라 상담자의 책임이다. 그렇기 때문에 이것을 실패한다면 책임감을 갖고 사과를 하는 것이 바람직하다. 이런 행동은 진실성과 자기수용의 예시를 보여 주며 내담자가 이후의 과정(실행계획 동의하기)에 대해 좀 더 개방적일 수 있도록 돕는다.

상담 회기의 주제 합의하기

해당 상담 회기에서 다룰 주제에 대해 내담자의 협조를 구하기에 앞서 먼저 해야 할 것은 내담자에게 당신이 앞으로의 상담 회기를 다르게 구조화하기 원한다는 것을 알리는 일이다. 그렇게 하고자 하는 이유를 설명하고 내담자에게 허락을 구한다.

상담자: 지난 몇 회기처럼 상담이 계속 진행된다면 당신의 삶에서 그리 큰 변화가 없을 거라는 걱정스러운 마음이 드네요. 앞으로의 회기는 조금 달리 진행해도 괜찮을까요?

내담자는 "그래요. 물론이죠." 혹은 "무슨 말씀이시죠?"라고 반응할 수 있다. 둘 중 어떤 반응이 나오더라도 다음 단계인 '계획 수립의 이점 설명하기'로 넘어갈 수 있다.

상담자: 앞으로 매 회기를 시작하면서 그 회기에서 초점을 두고 다룰 주제, 문제, 목표, 삶의 중요한 영역 등을 함께 결정하면 좋겠어요. 상담 도중에 계획한 내용과 다른 주제나 문제가 나오면 적어 두었다가

나중에 다루고요.

내담자 저항 다루기

내담자는 앞서 언급된 상담자의 제안에 대해 다음의 예와 같이 여러 방식으로 저항을 보일 수 있다.

- "그렇지만 저는 너무 많은 문제를 가지고 있어서 어디에서부터 시작해야 할지 모르겠어요."
- "그렇지만 저는 X, Y, Z에 대해서만 이야기하면 돼요." (그 후 X, Y, Z에 대해 두서 없이 긴 독백을 늘어놓는다.)
- "그런데 선생님, 전 그저 이야기가 하고 싶을 뿐이에요."
- "그게 저한테 도움이 될 것 같지 않아요."

더 읽기 전에 여기 제시된 내담자 반응 예시들을 하나씩 생각해 보면서 ACT 상담자로서 취할 수 있는 반응들이 무엇이 있을까 고민해 보자.

◆ ◆ ◆

ACT 상담자로서 자신만의 반응에 대해 생각해 보았다면 이제 몇 가지 다른 예시 반응들을 살펴보자. (각 예시에서 나오는 반응들은 여러 가능한 반응 중 한 가지이다.)

내담자: 그렇지만 저는 너무 많은 문제를 가지고 있어서 어디에서부터 시작
　　　 해야 할지 모르겠어요.

상담자: 그래요. 많은 분이 그렇게 말씀하시지요. 다행히 그럴 때 우리가 활
　　　 용할 수 있는 도구들이 개발되어 있습니다. (과녁 활동지를 꺼내어
　　　 내담자에게 보여 준다.) 이것은 과녁 활동지입니다. 보시다시피 여
　　　 기서는 삶을 4가지 영역으로 나누고 있어요. 중요한 관계, 개인적
　　　 성장과 건강, 여가 및 즐거움, 일과 교육입니다. 이 중 오늘 우리가
　　　 집중해서 다룰 한 가지 영역을 고른 후 당신의 삶에서 긍정적인 변
　　　 화를 줄 수 있는 방법을 모색한다면 어느 영역을 선택하시겠어요?
　　　 (비고: 이 활동지는 www.actmindfully.com.au 웹사이트의 자료
　　　 게시판에서 무료로 내려받을 수 있다.)

과녁 활동지

당신의 가치: 당신 삶에 주어진 시간 동안 무엇을 하고 싶나요? 어떤 사람이 되고 싶은가요? 어떤 강점과 자질을 개발하고 싶나요? 다음에 제시된 각 소제목별로 간략하게 답해 보세요.

1. 일과 교육: 직장, 직장 생활, 교육, 기술 개발 포함
2. 관계: 배우자, 자녀, 부모, 친척, 친구, 동료 포함
3. 개인적 성장과 건강: 종교, 영성, 창의성, 생활 기술, 명상, 요가, 자연(운동, 영양, 건강 위험 요소 다루기 등) 포함
4. 여가: 어떤 방식으로 놀고, 쉬고, 즐기는지(휴식, 여가, 재미, 창의성을 위한 활동들)

과녁: 당신의 현 상태를 과녁에 X로 표시하여 나타내 보세요.

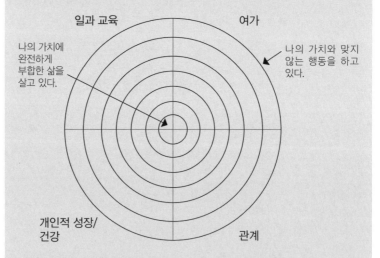

• New Harbinger 출판사(Oakland, CA; www.newharbinger.com)의 허락을 받아 J, Dahl과 T. Lundren의 『고통을 넘어선 삶(Living Beyond Your Pain)』의 내용을 재구성함.

◆ ◆ ◆

내담자: 그렇지만 저는 X, Y, Z에 대해서만 이야기하면 돼요. (이후 X, Y, Z
에 대해 두서 없이 긴 독백을 늘어놓는다.)

상담자: (침착하게 공감과 존중의 태도를 잃지 않으면서 내담자의 이야기를
중간에 끊는다.) 제가 조금 무례하다고 느껴지실 텐데 미안하지만
당신이 하던 이야기를 잠시 중단해도 될까요? 당신이 하고 싶은 이
야기를 듣고는 싶으나 지난 두 번의 회기처럼 상담이 흘러가지 않
았으면 좋겠어요. 우리가 만나는 시간이 좀 더 생산적이면 좋겠습
니다. 오늘 상담에서 당신이 당신의 삶에서 긍정적인 변화를 가져
올 무언가를 얻어 갔으면 좋겠어요. 그렇지 않다면 상담이 당신의
시간을 허비하는 것이 될 테니까요. 자, 다른 걸 하기 이전에 먼저
이번 회기에서 무엇을 다룰지 주제를 정하고 시작할까요?

내담자: 여기서 해야 할 일은 명확하다고 생각해요. 저는 X를 경험하고 있
고, Y는 언제나처럼 허튼짓을 하고 있고, Z는······. (내담자는 다시
X, Y, Z에 대해 두서없이 긴 독백을 늘어놓기 시작한다.)

상담자: (다시 침착하게 공감과 존중의 태도를 잃지 않으면서 내담자의 이야
기를 중간에 끊는다.) 정말 죄송한데 다시 한 번 당신의 이야기를 끊
어야겠네요. 무례하게 굴고 싶지 않고 좀 전에 말씀드렸듯이 당신의
이야기를 정말 듣고 싶답니다. 하지만 그 이야기로 넘어가기 전에
조금 더 생산적인 상담을 위해 이번 회기의 주제를 설정할 수 있게
도와주는 도구 하나를 소개드려도 될까요? 이것은 우리의 집중을 도
와줄 거예요. (앞에서처럼 과녁 활동지를 꺼낸 후 필요하다면 왜 상

담 회기의 주제를 설정하는 것이 중요한지 다시 설명해 준다.)

이런 상황에서 상담자는 주로 불안을 경험하게 된다. 우리는 여러 상담 모델을 배우면서 이렇게 상담자가 내담자의 말을 방해하는 행동은 무례함의 극치로서 라포를 깨뜨리거나 실례가 될 것이라고 생각하도록 훈련받았다. 하지만 다음과 같은 질문을 던져 보아라. 당신이 내담자의 문제 행동을 중단시키지 않는다면 그것을 강화하는 셈이지 않은가? 그것은 상담자로서 당신의 가치에 반하는 행동이지 않은가? 내담자가 문제 행동을 줄일 수 있도록 돕고, 조금 더 효율적인 행동을 차별적으로 강화하는 것이 바람직하지 않은가? (제8장에서는 회기 중에 문제 행동을 중단시키는 방법에 대해 자세히 다룬다.)

◆ ◆ ◆

내담자: 그런데 선생님, 전 그저 이야기가 하고 싶을 뿐이에요.

상담자: 물론이지요. 저도 당신의 이야기를 듣고 싶어요. 하지만 우리의 목표는 당신이 더 나은 삶을 만들어 가는 것이고, '그저 이야기하는 것'보다 더 많은 것을 해야 합니다. 만약 상담 회기에서 우리가 하는 것이, 당신이 이야기하면 제가 잘 듣고 기분 좋은 반응만 하는 것이 전부라면 당신의 삶에 지속적인 긍정적인 변화를 가져오는 것은 무리라고 생각합니다. 당신은 그저 누군가가 당신의 이야기를 듣고 친절하게 대해 주었다는 이유로 잠시 동안 기분이 나아지겠지만 다른 어떤 변화도 일어나지 않을 가능성이 커요. 꼭 내 말을 들어야 해서가 아니라, 우리가 함께한 지난 몇 회기를 떠올려 보세요.

당신이 이야기를 하고, 내가 경청하고, 친절하게 반응했던 그 시간
들이 당신이 어려워하는 삶의 영역에서 의미 있고 지속적인 변화를
가져왔나요?

내담자: 아니요. 그렇지만 선생님과 이야기하면 기분이 나아지긴 해요.

상담자: 맞아요. 하지만 상담 시간을 당신이 이야기를 할 수 있는 시간뿐만
아니라 당신의 삶에 긍정적인 변화를 가져오는 시간으로 만드는 것
은 어떠세요?

만약 내담자가 그냥 지지적인 상담만을 바라고 있다면 상담자는
다음 둘 중 한 가지를 선택해야 한다. ACT를 포기하고 지지적인 상
담을 제공하거나 다른 상담자에게 내담자를 의뢰하는 방법이다. 하
지만 만약 내담자가 상담자의 제안에 합의를 한다면 과녁 활동지로
넘어갈 수 있다.

내담자: 그게 저한테 도움이 될 것 같지 않아요.

상담자: 맞아요. 그건 자연스러운 반응입니다. 하지만 그냥 한번 해 보는
건 어때요? 당신의 마음이 '이건 시간 낭비야.'라고 속삭이더라도
실제로는 어떤 일이 벌어지는지 한번 해 봅시다. (과녁 활동지로
넘어간다.)

과녁 활동지를 활용하여 상담 회기의 주제 정하기

내담자와 해당 상담 회기의 주제를 설정하기로 합의를 하였다면 과녁 활동지를 제시할 수 있다. (비고: 반드시 과녁 활동지를 사용할 필요는 없다. 나는 상담에서 난관에 빠진 내담자들을 위해 이 활동지를 활용하는 것이 단순해서 좋지만, 당신은 다른 가치 관련 활동지를 사용해도 좋다.)

상담자: (내담자가 잘 볼 수 있도록 과녁 활동지를 보여 주면서) 보시다시피 이 활동지는 삶을 4가지 영역으로 나눕니다. 이번 회기에서 집중할 하나의 영역을 골라 보시겠어요?

내담자: 4가지 영역 다 별로 관심 없어요.

상담자: (따뜻하게) 그렇게 말하시니 삶이 당신을 얼마나 힘들게 했는지 느껴지네요. 너무 이리저리 치여서 이제 당신은 어느 것에 대해서도 관심이 없는 상태이군요.

내담자: (고개를 끄덕이며) 네, 말씀하신 대로예요.

상담자: 그런데 우리는 당신의 삶을 개선하기 위해 함께 작업을 하는 한 팀이고, 하나의 영역을 정해서 시작해야 합니다. 지금 당신이 어느 영역에 대해서도 별로 관심이 없더라도 그냥 하나 선택해 주세요.

내담자: (고개를 저으며) 죄송해요. 어디에서 시작해야 할지 모르겠어요.

상담자: 알지 못해도 괜찮아요. 그냥 하나만 고르세요. 원한다면 눈을 감고 하나를 짚어 보세요. 당신의 손가락이 닿는 영역에서 시작하도록 합시다.

내담자: (주저하며) 그러지요, 뭐… 고를게요. (관계 영역을 가리킨다.)

특정 영역에 집중하기로 합의를 한 후에는 가치와 목표를 명료화하는 작업을 시작할 수 있다. 예를 들어, 다음과 같은 질문을 할 수 있다.

- "이 영역에서 당신에게 정말 중요한 것은 무엇인가요?"
- "이 영역에서 당신이 지키고 싶은 것은 무엇인가요?"
- "만약 당신이 정말 가슴 깊이 바라는 모습의 사람처럼 행동할 수 있다면 이 삶의 영역에서 당신의 모습은 어떠할까요? 다른 사람들을 어떻게 대하고, 자신은 어떻게 대할까요? 어떤 자질이나 강점을 구현하고 싶나요? 장기적으로 행동하고 싶나요?"
- "이 영역에서는 당신에게 어떤 사람들이 중요한가요? 그 관계에서 당신은 어떻게 처신하고 싶은가요?"
- "이 부분에서 무엇을 하고, 어떤 것을 이루고 싶나요? 달성하고 싶은 구체적인 목표가 있나요?"

만약 내담자가 이런 질문에 대한 답을 하지 못하거나 하지 않는다면 왜 그런지를 생각해 보아야 한다. 내담자가 도움이 되지 않는 생각들과 융합되어 있어서 그런가? 아니면 그녀가 불편한 감정들을 피하고 싶어 해서 그런가? 혹은 둘 다인가? 우리는 상황에 맞게 탈융합, 수용 혹은 둘 다로 반응을 해야 한다. 그것도 아니면 혹시 내담자가 자신의 가치가 무엇인지 모르고 있어서 그런가? 아니면 개념을 이해하지 못해서? 아니면 이런 명료화 작업의 의미를 모르겠어서? 이러한 경우에는 제7장에서 다루어질 가치 명료화 작업으로 넘어가야 한다.

하지만 내담자가 가치를 찾아낼 수 있다면 우리는 목표 세우기로 넘어간다. 그것을 가장 쉽게 할 수 있는 방법은 이 질문을 던지는 것이다. "이 영역에서 과녁의 중심으로 조금 더 다가설 수 있도록 당신이 사소하게 할 수 있는 한 가지 행동은 무엇이 있을까요?"

물론 이 질문을 던지는 순간 실천에 걸림돌이 되는 여러 가지가 드러나며, 그것은 주로 융합이나 회피의 형태로 나타난다. 여기서 우리는 ACT 삼각형의 '현재에 있기'와 '마음 열기' 꼭지 사이에서 왔다 갔다 해야 한다. 그 후 다시 목표 세우기로 돌아온다.

이론적으로는 이 모든 것이 합당하다. 하지만 계속해서 탈선하려는 내담자가 있다면 어떻게 해야 할까?

이탈과 참여 기술

이탈과 참여(The Off-Track, On-Track) 기술은 궤도에서 반복적으로 이탈하는 내담자를 위한 완벽한 전략이다. 이 전략은 단순하고 강렬할 뿐만 아니라 탈융합, 수용, 가치, 현재 순간과 접촉하기, 전념 행동 등에 대한 훈련을 하나의 개입 안에서 모두 다룰 수 있도록 한다. 이 개입은 깊은 연민과 존중의 태도로부터 시작되어야 한다는 것을 명심해야 한다. 그렇지 않을 경우, 역효과가 엄청날 것이다. 이 기법의 다섯 단계는 다음과 같다.

① 한 팀이라는 것에 동의 구하기
② 마음이 걸림돌 역할을 할 것이라는 것을 미리 알려 주기
③ 마음의 책략을 알아차리고 명명하기
④ 상담을 중단하는 것은 비효율적 행동이라는 것을 확고히 하기
⑤ 필요한 만큼 반복하기

1단계: 한 팀이라는 것에 동의 구하기

첫 번째 단계는 단순하게 하나의 팀으로 작업을 하는 것에 대해 내담자의 동의를 얻는 것이다. 그렇게 하기 위한 하나의 접근 방법은 다음과 같다.

상담자: 더 진행하기 전에 뭐 하나 확인해도 될까요?

내담자: 그럼요.

상담자: 우리가 당신이 더 나은 삶을 만들어 갈 수 있도록 함께 작업하고 있는 한 팀이라는 것을 확인하고 싶네요.

내담자: (약간 혼란스러워하며) 네.

상담자: 좋아요. 이건 중요해요. 당신이 저를 방해물로 생각하는 것을 원치 않아요. 당신한테 이래라저래라 하면서 방해하고 괴롭히는 사람처럼 느껴지는 것은 싫어요. 함께 일하는 팀이라는 게 정말 중요합니다.

어떤 특정 가치에 부합하는 목표에 대해 합의를 받았다면 이 시점에서 그것에 대해 언급하는 것이 좋다. 예를 들어, 마지막 멘트를 조금 확장시켜서 "당신이 더욱 성공적인 사회적 상호작용을 가질 수 있도록 (불안을 더욱 효과적으로 다룰 수 있게 되어 사회적 상황에서 부정적인 영향을 덜 받을 수 있도록, 당신의 사회생활을 활성화하고 개선할 수 있도록) 함께 일하는 팀이라는 게 정말 중요합니다." 이렇듯 첫 번째 단계에서의 핵심은 당신과 내담자가 한 팀을 이루고 있다는 것에 대해 합의를 하는 것이지만 어느 특정 목표에 대해 합의를 하는 것은 더욱 강렬할 수 있다.

2단계: 마음이 걸림돌 역할을 할 것이라는 것을 미리 알려 주기

다음으로 내담자의 마음이 걸림돌의 근원임을 알려 주어라. 상담자와 내담자가 팀을 이루어 함께 작업하면서 다루게 될 여러 걸림돌은 마음으로부터 나온다.

상담자: 제가 틀릴 수도 있지만 저의 예상으로는 이번 회기 내내 우리가 이 목표를 달성하기 위해 본격적으로 작업을 할 때마다 당신의 마음은 우리를 궤도에서 이탈하도록 방해를 할 것 같아요. 그래서 당신이 괜찮다면 당신의 마음이 사용하는 여러 책략을 함께 찾아보면 좋겠어요. 그렇게 해야 그런 마음의 책략이 드러날 때 바로 알아차리고 방해받지 않을 수 있을 것 같아요. 어때요?

3단계: 마음의 책략을 알아차리고 명명하기

이제 상담자는 커다란 종이와 펜을 꺼낸다.

상담자: 이 종이에 당신의 마음이 우리의 작업을 방해하는 데 쓰는 책략을 적어 볼 거예요. 제가 처음 몇 개를 쓸 테니 감이 좀 잡히면 당신이 이어서 쓰도록 합시다. 아셨지요?

내담자: 알겠어요.

상담자: 좋아요. 자, 지금 당장 당신의 마음이 이 작업에 대해 뭐라고 말하고 있나요?

내담자: 아무런 소용이 없을 거야.

상담자: 그래요. 적을게요. "아무런 소용이 없을 거야." (상담자는 소리 내어 "아무런 소용이 없을 거야."라고 말을 하며 적는다.) 또 다른 것은요?

내담자: 이건 순 엉터리야.

상담자: 그래요. "이건 순 엉터리야." (상담자는 소리 내어 "이건 순 엉터리야."라고 말을 하며 적는다.) 또 다른 것은요?

내담자: 이게 어떻게 나한테 도움이 될지 모르겠어.

상담자: 그래요. "이게 어떻게 나한테 도움이 될지 모르겠어." (상담자는 소리 내어 "이게 어떻게 나한테 도움이 될지 모르겠어."라고 말을 하며 적는다.) 또 있나요? [마음의 방해 책략(예: "이 활동은 정말 이상해." "과거에도 도움되는 것들이 아무것도 없었어" "난 제대로 할 수 없을 거야.")을 5~6개 정도 적은 후 상담자는 종이와 펜을 내담자에게 넘긴다.] 당신만 괜찮다면 앞으로 당신의 마음이 여기에 적힌

책략 중 하나를 사용하여 우리의 작업에 훼방을 놓기 시작할 때마다 옆에 표시를 해 둡시다. 그렇게 하면 그 책략이 얼마나 사용되는지 알 수 있겠지요. 그리고 만약 이외의 다른 방법을 쓴다면 이 목록에 추가해 주세요. 할 수 있겠지요?

내담자: 음, 할 수는 있을 것 같아요. 그런데 이게 어떻게 도움이 될지 모르겠네요.

상담자: 그래요. 그것은 이미 여기 (손으로 가리키며) 당신의 목록에 들어가 있네요. "이게 어떻게 나한테 도움이 될지 모르겠어." 자, 그 옆에 줄 하나를 그어서 표시를 해 주세요.

내담자: (그 문장 옆에 줄을 하나 그어서 표시를 한다.)

상담자: 얼마나 빨리 훼방을 놓는지 보이시지요? 예상컨대 아마 이번 회기 내에 적어도 한 3~4번은 더 찾아올걸요. 또 다른 건 나타나지 않고 있나요?

내담자: 있어요. 이건 순 엉터리야.

상담자: 그것도 이 목록에 있네요. 그 옆에 표시를 해 주세요.

내담자: (그 문장 옆에 줄을 하나 그어서 표시를 한다.)

상담자: 또 다른 것도 있나요?

내담자: 네. (살짝 미소를 지으며 목록에서 또 다른 두 문장 옆에 줄을 하나 그어서 표시를 한다.)

회기가 진행되면서 내담자가 선택된 목표로부터 멀어지게 만드는 말을 할 때마다 상담자는 그것을 마음의 방해 책략으로 보고 내담자의 목록에서 체크 표시를 하게 한다. 만약 목록에 없는 책략이라면 새로 적게 한다. 대부분의 내담자는 대략 반복되는 10~15개의 책략을 보고한다. 종종 비슷한 주제인데 여러 형태의 문장으로 표현을 하는 내담자가 있다. 예를 들어, 자신을 실망하게 한 여러 다른 사람에 대해 이야기하거나 과거의 다양한 아픈 사건을 자주 회상한다면 그것들을 각각 다른 문장으로 적는 것이 아니라 하나의 포괄적인 상위 주제를 제안하여 적을 수 있다. 이번 예시에는 "사람들이 나를 실망시켜." 혹은 "내 과거에는 아픔이 너무 많았어."라는 상위 주제가 있을 수 있다. 그래서 이미 적혀진 주제의 변형으로 어떤 생각이 떠오르게 되면 내담자는 간단하게 그 상위 주제 옆에 체크 표시를 하면 된다.

4단계: 상담을 중단하는 것은 비효율적 행동이라는 것을 확고히 하기

항상 4단계까지 가야 하는 것은 아니지만 상담을 중단하는 것이 비효율적이라는 점을 확고히 해야 할 때가 있다. 이 단계를 진행하는 방법에 대한 예시는 다음과 같다.

상담자: 좋아요. 이제 우리가 합의했던 목표로 다시 돌아가 보죠.

내담자: 그래 봤자 소용없어요. 안 될 거예요.

상담자: 그것도 목록에 있지 않나요?

내담자: 네. (표시를 함.) 하지만 정말 그런걸요! 아무 소용없는 일이에요.

상담자: 자, 그래요. 꼭 잘될 거라고 저도 장담은 못합니다. 만약 어떤 치료

가 꼭 효과가 있을 거라고 장담하는 전문가를 만난다면 저는 그 사람한테 다시 돌아가지 말라고 권장할 거예요. 그 사람은 거짓말을 하고 있거나 착각하고 있는 것일 테니까요. 수술을 받기 위해 세계에서 가장 유명한 의사를 찾아가 보세요. 그 사람도 꼭 수술이 성공적일 거라고 장담하지 않을 것이고, 수술 시 잘못될 수 있는 사항들이 적힌 동의서를 주고 사인하도록 할 거예요. 저도 ACT가 우울, 불안, 중독, 정신 분열증(조현병) 등에 얼마나 효과가 있는지에 대한 여러 연구물을 보여 줄 수 있지만 당신에게 효과적일 거라고 장담하지는 못합니다. 하지만 제가 장담할 수 있는 것은, 저는 제가 가진 지식과 기술을 가지고 당신을 돕기 위해 최선을 다할 것이라는 것입니다. 또 확실한 점은 당신의 마음이 다 소용없다고 이야기해서 상담을 그만두게 되면 저는 더 이상 당신에게 도움을 줄 수 없게 된다는 것입니다. 자, 당신의 마음은 계속해서 다 소용없다고 말하고 있군요. 그냥 말하게 내버려 두고 진행할까요, 아니면 여기서 그만할까요?

내담자: 진행하지요.

상담자: 좋습니다! 목록에서 '아무런 소용이 없을 거야.' 앞에 '하지만 정말 그런걸요.'도 적고 체크 표시를 합시다. 좋아요. 자, 그럼 목표로 돌아가 볼까요?

ACT의 궤도에 머물러 있는 것이 어떤 내담자들에게는 큰 불안을 일으킨다. 궤도에서 이탈하게 되면 내담자는 자신의 문제를 다룰 때 오는 불안을 피할 수 있게 된다는 점을 생각해 보면 이것은 그리 놀랄 만한 일이 아니다. 따라서 우리는 회기의 속도를 신중하게 조절할 필요가 있다. 상담자가 내담자의 속도를 앞선다면 상담은 내담자에게 극도로 힘든 경험이 될 것이다. 당신이 기대한 것보다 더 천천히 가게 될지라도 상담의 속도를 조절하도록 하고, 내담자의 불안과 경험 회피가 발생할 때마다 연민과 존중의 태도로 일관되게 다루어라.

5단계: 필요한 만큼 반복하기

우리는 1~4단계를 필요한 만큼 반복할 수 있다. 이탈과 참여 기술의 이점은 이미 언급된 것처럼 내담자에게 탈융합, 수용, 가치, 현재 순간과 접촉하기, 전념 행동 등에 대한 훈련을 제공할 수 있다는 것이다. 내담자가 자신이 적은 마음의 책략 목록 중 한 책략 옆에 대여섯 번 체크 표시를 하게 되었을 시점에는 이미 그 마음의 책략으로부터 상당히 탈융합되어 있을 가능성이 높다. 또한 이 개입이 진행되면서 내담자는 자신의 생각뿐만 아니라 혼란, 불안, 좌절감 외에 다른 불편한 감정들을 수용(혹은 적어도 수용을 향해 가고 있는 단계인 용인)하기 시작한다.

이와 더불어 내담자는 계속해서 현재 순간과 접촉하고 상담자와 상호작용하며 주어진 과제에 집중하게 된다. 그리고 행동에 전념하게 되는데, 불편함이 느껴지더라도 활동을 계속하는 모습을 보이게 되고 합의된 목표로 몇 번이고 돌아온다. 결국 이 모든 것은 가치를 향해 가는 과정이다.

따라서 이 기법을 사용하게 되면 우리는 적극적인 개입을 하고 있

는 것이다. 우리가 이런저런 훈련을 하고 있다고 설명을 하지 않고
서도 앞서 말한 다섯 가지 과정들을 자연스럽게 훈련시킬 수 있다.
그렇기 때문에 이 개입 하나로 한 회기 시간을 전부 쓰게 되더라도
(종종 이런 일이 발생한다.) 우리는 내담자의 심리적 유연성을 키우는
매우 중요한 작업을 하고 있다는 것을 기억하자. 보너스로 이 기술
은 상담자인 우리 스스로도 ACT 궤도에 머물러 있도록 하며, 우리
자신이 가지고 있는 도움이 되지 않은 생각으로부터 탈융합할 수 있
도록 한다.

어떤 내담자는 이 개입이 장기간 지속될 때 불평을 늘어놓을 수도
있다. 그런 경우, 심리 교육을 할 수 있는 좋은 기회로 삼아라.

내담자: 젠장! 도대체 이걸 언제까지 해야 하나요? 벌써 상담 시간의 반이 지
　　　나갔어요!
상담자: 맞아요. 알아차리셨다니 다행이에요. 아시다시피 우리가 목표에 계
　　　속 집중만 할 수 있다면 훨씬 빠른 진전을 이룰 수 있겠지요. 하지
　　　만 당신의 마음이 계속 우리를 방해하고 있어요. 이건 매우 정상적
　　　인 현상이에요. 모두의 마음이 그런 식으로 작동하지요. 저의 마음
　　　도 저에게 종종 비슷한 짓을 해요. 그래서 우리의 마음이 어떤 방식
　　　으로 작동하는지 배우는 것이 정말 중요하답니다. 어떤 책략으로
　　　당신을 잡아채서 엉뚱한 방향으로 끌고 가는지를 확인해야 한다는
　　　것이죠. 우리의 삶을 개선하려고 할 때마다 우리의 마음은 목록에
　　　있는 여러 방법을 통해 우릴 방해하려고 합니다. 상담을 통해 얻을
　　　수 있는 가장 유용한 것은 당신의 마음이 어떤 식으로 당신을 홀리

는지, 그리고 당신은 어떻게 하면 그런 마음의 책략으로부터 벗어
날 수 있는지에 대해 배우는 것입니다. 그럼 우리 다시 이번 회기의
주제로 돌아가 볼까요?

앞에 제시된 상황은 마음챙김 명상을 연습할 때 벌어지는 상황과
매우 유사하다는 것을 알 수 있다. 예를 들어, 마음챙김 호흡 명상을
할 때 우리는 호흡에 집중을 하려고 노력하지만, 우리의 마음은 순
식간에 훼방을 놓고 우리가 하고자 하는 경험으로부터 끌어낸다. 그
리고 우리가 이런 일이 벌어졌다는 것을 깨달은 순간 우리는 마음으
로부터 벗어나 다시 집중을 한다. 내담자가 마음의 책략에 넘어가서
궤도에서 일탈을 할 때마다 상담자는 내담자가 다시 마음으로부터
벗어나 집중을 할 수 있도록 돕는다. 이번 장에서는 내담자에게 명
상을 가르치지 않아도 마음챙김 기술을 훈련할 수 있는 여러 방법이
있다는 ACT의 관점을 보여 주고 있다. (ACT가 명상을 반대하거나 방
해하려고 하는 것이 아니다. ACT는 명상으로 들어가는 것을 어려워하거나
꺼려 하는 내담자들을 위한 여러 다른 방법도 제시하고 있다.)

실험

• 이 장에 제시된 내용을 적용할 수 있는 실질적인 방안을 모색해 보자. 예를 들어, 스스로 해 보는 것도 좋은 방법이다. 불안을 허용할 수 있는 공간을 만들어 새로운 행동에 도전해 볼 수 있다.

• 과녁 활동지를 활용하여 내담자를 위해 상담 회기의 주제를 설정해 본다.

• 적합한 내담자가 있다면 이탈과 참여 기술을 시도해 본다.

• 정말 용기를 내어 보고 싶다면 세 가지 모두를 해 보라!

제7장

가치 작업하기

내담자의 가치를 명료화하는 작업을 할 때 상담자가 겪는 어려움은 크게 세 가지로서 가치에 대한 작업을 언제 할지, 가치 작업을 어떤 방식으로 시작할지 그리고 내담자의 부정적인 반응을 어떻게 다룰지이다. 이 장에서는 그 세 가지에 대한 조언을 제공한다.

가치 작업의 시기 정하기

상담자들은 종종 "언제 가치 이야기를 꺼내야 하나요? 너무 이른 시기란 언제인가요?"와 같은 질문을 던진다. 여기에 대한 명확한 답은 없다. 내가 주로 사용하는 접근은 아주 처음부터 가치에 대해 조심스럽게 묻는 것이다. 내담자의 과거를 탐색할 때에도 꼭 들어가는 사항으로 본다. 예를 들어, 나는 항상 상담 첫 회기 때 내담자에게 기본적인 질문 두 가지를 던진다. 그것은 "삶에서 의미나 목적 혹은 성취감을 경험한 적이 있나요?" 그리고 "이곳에서 진행될 작업을 통해 당신의 삶에서 중요한 관계 하나에 변화를 가져올 수 있다면 어떤 관계였으면 좋겠고, 우리의 작업의 결과로 그 관계 속에서 당신은 어떤 식으로 달리 행동을 하게 될까요?"이다.

내담자가 이런 부드러운 탐색에도 강렬한 탈융합이나 회피 반응을 보인다면(예: 대답 거부하기, 주제 변경하기, 계속 모른다고 답하기, 불안, 짜증, 슬픔 보이기) 가치 작업을 하기에는 너무 이른 시기일 수 있다고 받아들이고 우선 탈융합과 수용에 집중한다. 하지만 이런 질문에 답을 할 수 있는 내담자라면 조금 더 탐색을 진행하여 어느 정도 들어갈 수 있는지 본다. 가치는 훌륭한 출발점이기 때문이다.

가치 작업 시작하기

가치를 어떤 방식으로 상담에 도입시키든 일반적으로 다음과 같은 단계로 진행된다.

① 가치 작업의 원리 설명하기: 가치는 왜 중요한가?
② 간략한 심리 교육 제공하기: 가치란 무엇인가?
③ 경험적 연습 활동하기: 가치와 직접적으로 연결하기
④ 내담자가 자신의 가치를 말로 표현할 수 있도록 돕기

1단계: 가치 작업의 원리 설명하기

먼저 가치 명료화 작업을 하는 이유를 설명하는 것이 가장 일반적인 첫 번째 단계이다. 가치가 왜 중요한지를 설명하는 방법으로 다음과 같은 예시를 들 수 있다.

상담자: 오늘은 당신 삶의 큰 그림에서 당신에게 정말 중요한 게 무엇인지를 명료화하는 작업을 해도 될까요? 당신이 어떤 사람이 되고 싶은지, 삶에서 어떤 것을 위해 존재하고 싶은지, 사람들과는 어떤 관계를 만들어 나가고 싶은지, 어떤 강점과 자질을 개발하거나 삶에 더욱 적용하고 싶은지 궁금해요. 지금 제가 말하는 것들은 흔히 '가치'라고들 하지요. 인간으로서 당신이 어떻게 존재하고 행동하고 싶은지에 대한 가슴 속의 소망 말이에요. 이 작업은 대부분의 사람에게 큰 변화를 가져다주기 때문에 당신에게도 이 작업을 제안하고 싶어요. 이 작업을 통해 우리는 의미 있는 목표들을 세울 수 있고, 동기나 용기를 갖게 될 수 있고, 고통과 스트레스를 다룰 수 있게 되며, 결국에는 더욱 풍요롭고 충만한 삶을 살 수 있게 된답니다.

2단계: 간략한 심리 교육 제공하기

다음으로 가치란 무엇인가에 대해 간략한 심리 교육을 제공하여, 특히 가치를 목표와 구분 지을 수 있도록 한다. 이 주제에 대해서는 ACT에 관련한 어떤 책을 보더라도 자세히 설명되어 있기 때문에 여기서는 다루지 않겠다.

3단계: 경험적 연습 활동하기

ACT에 대해 그저 말만 하고 실제로 하지 않을 수 있다는 것을 기억하는가? 가치 작업을 할 때, 특히 이런 실수를 범하게 될 수 있다. 그럴 경우, 상담 회기는 가치와 깊이 있는 접촉을 하는 시간이 아닌 가치에 대한 지적 토론의 장으로 바뀐다. 이 함정에 빠지지 않기 위해서는 상담 속도를 조금 줄여 가치 명료화를 목표로 하는 경험적 연습 활동으로 내담자를 데려가야 한다. 이 부분에 대해서는 ACT에 관한 어떤 책을 보더라도 잘 설명되어 있다. 연습 활동 목록을 보고 싶다면 『쉬운 수용전념치료(ACT Made Simple)』(p. 201)를 참고하라.

이런 활동과 더불어 과녁 활동지를 사용하는 것이 유용할 수 있다. 특히, '가까워지는 행동(toward moves)'과 '멀어지는 행동(away moves)' 개념을 같이 소개할 때 유용하다. 다음 축어록에서는 상담자가 이미 과녁 활동지(제6장에서 설명됨)를 소개한 이후의 대화 내용을 볼 수 있다.

상담자: '가까워지는 행동'은 과녁의 중심으로 더욱 가까이 가도록 하는 행동입니다. 즉, 의미 있고 삶을 개선시키며 당신이 진심으로 바라는 모습의 사람처럼 행동하고 있다는 것을 보여 주는 그 무엇이겠지요. '멀어지는 행동'은 당신을 과녁의 중심으로부터 멀어지게끔 하는 행동입니다. 의미도 없고 삶의 개선과도 무관한 행동이지요. 이

런 행동은 당신이 바라는 모습의 사람처럼 행동하지 않을 때 나타
납니다.

내담자: 그렇군요.

상담자: 그렇기 때문에 당신이 '가까워지는 행동'을 할 때는 당신에게 중요
한 것을 하고 있다는 뜻이지요.

내담자: 알겠습니다.

상담자: 이 활동지를 사용해서 오늘 이 방에서 일어난 일들을 다시 짚어 봅
시다. 몇 분 동안 우리는 당신이 아내와 아이들과 더 나은 관계를
맺고 싶은 바람에 대해 이야기하고 있었지요? 그럼 여기 이 영역에
서 (관계 영역을 가리키며) 당신은 과녁의 중심에 가까워지고 있었
나요, 아니면 멀어지고 있었나요?

내담자: 가까워지고 있었어요.

상담자: 저도 그렇게 생각합니다. 그런데 회기 초반에는 어땠나요? 당신의
아내가 당신을 얼마나 화나게 하는지에 대한 생각의 고리에 빠져서
결혼의 모든 문제를 아내의 탓으로 돌렸었지요? 그것은 '가까워지
는 행동'이었나요, '멀어지는 행동'이었나요?

내담자: 그건 명확히 멀어지는 행동이었지요.

상담자: 맞아요. 그럼 당신이 저와 상호작용하고 있는 지금은 어떤가요? 제
가 느끼기에 당신은 아주 솔직하고 신뢰하는 태도로 협조하고 있
는 것 같아요. 그리고 정말 열심히 참여하고 있고요. 그럼 우리 둘
사이의 상호작용을 생각해 본다면 (관계 영역을 가리키며) 과녁의
중심에서 어느 정도 가까이 있는지 손으로 표시해 보시겠어요?

내담자: (놀라고 만족스러운 표정으로) 사실 꽤 가깝다고 생각되네요. (과녁

의 중심에서 약간 벗어난 위치에 손을 가리킨다.)

상담자: 좋아요. 당신에게 정말 중요한 무언가를 하는 느낌이 어떤지 잠시
　　　　멈추고 알아차려 보시겠어요?

내담자: (잠시 멈춘 후) 좋네요.

　이런 식으로 우리는 과녁 활동지를 얼마나 가치와 일치하고 있는
지 알아보는 척도로 사용할 수 있다. 내담자가 삶의 어느 부분에 대
해 이야기하든지 과녁의 중심으로부터 얼마나 가까이 또는 멀리 있
는지 나타내 보라고 할 수 있다. 다음은 과녁 활동지를 사용하여 내
담자가 가치와 전념 행동에 더욱 집중할 수 있도록 돕는 다른 예시들
이다.

- "그 감정들이 여기서 당신의 행동을 좌우하도록 내버려 둔다면
  그건 과녁의 중심에 가까워지는 행동일까요, 멀어지는 행동일
  까요?"
- "그 생각을 따라 계속 간다면 과녁의 중심에 더 가까이 가게 되
  나요, 아니면 멀어지게 되나요?"
- "그것을 하게 되면 그건 과녁의 중심에 '가까워지는 행동'인가
  요, '멀어지는 행동'인가요?"
- "과녁의 중심에 조금 가까이 가기 위해서 당신이 내디딜 수 있는
  작은 한 걸음은 어떤 것일까요?"

4단계: 내담자가 자신의 가치를 말로 표현할 수 있도록 돕기

많은 내담자는 자신의 언어로 자신의 가치를 표현할 수 있지만 어떤 내담자들은 말로 표현하는 것에 대해 어려움을 느낀다. 그런 경우에는 40가지 보편적 가치 활동지(www.actmindfully.com.au에서 내려받기 가능)를 사용하는 것이 도움이 될 수 있다.

40가지 보편적 가치 활동지

가치는 당신이 한 인간으로서 어떻게 행동하고 싶은지에 대한 마음속 깊이 있는 소망이다. 가치는 당신이 얻고 싶거나, 갖고 싶거나, 성취하고 싶거나, 완성하고 싶은 그 무엇에 대한 것이 아니다. 가치는 현재 그리고 미래에 당신이 행동하고 싶은 이상적인 방식이며, 당신이 만나는 다른 사람이나 그 어떤 것(자신 포함)을 대하는 방식에 관한 것이다.

다음에는 40가지 보편적 가치들이 제시되어 있다. 가치에는 옳고 그름이 없다는 것을 명심하라. 가치는 아이스크림 취향과도 같다. 당신이 초콜릿 맛을 좋아하고 내가 바닐라 맛을 좋아한다고 해서 우리 둘 중 한 사람의 취향이 옳고 다른 사람의 취향이 틀린 것이 아니라 그저 취향이 다르다고 할 수 있는 것처럼 우리는 모두 다른 가치를 가지고 있을 수 있다.

다음의 목록을 읽어 보고 각 가치 옆에 1 = 매우 중요, 2 = 꽤 중요, 3 = 별로 중요하지 않음으로 표시해 보자.

_____ 수용과 자기수용: 나 자신과 다른 사람, 삶 등에 대해 수용적인 태도를 갖는 것

_____ 모험: 모험적인 태도로 새롭고 자극이 되는 경험을 적극적으로 추구하고, 만들어 내며, 탐색하는 것

_____ 자기주장: 나의 권리를 옹호하고, 내가 원하는 것을 요청하는 것

_____ 진실성: 진실되고, 솔직하게, 나의 참 모습으로 존재하는 것

_____ 배려와 자기돌봄: 나 자신과 타인, 환경 등을 배려하는 것

_____ 연민과 자기연민: 고통에 있는 나 자신과 타인에게 따뜻하게 대하는 것

_____ 연결됨: 내가 하고 있는 것에 온전히 참여하고, 같이 있는 다른 사람들과 온전히 함께하는 것

_____ 공헌과 베품: 기여하고, 돕고, 주고, 나누고, 긍정적인 영향을 미치는 것

_____ 협력: 다른 사람들과 협동하고 협력하는 것

_____ 용기: 용기 있게 사는 것-두려움, 위협, 어려움 등이 닥쳐와도 견뎌 내는 것

_____ 창의성: 창의적이거나 혁신적인 것

_____ 호기심: 호기심을 갖고, 열린 사고로 흥미 있어 하는 것-탐험함으로써 새로운 것을 발견하는 것

_____ 격려: 나 자신 혹은 다른 사람이 보이는 행동 중 내가 가치 있게 생각하는 행동을 격려하고 보상하는 것

_____ 흥분: 신나고 자극을 주는 활동들을 추구하고, 만들어 내고, 그것에 참여하는 것

_____ 공정성과 정의: 나와 다른 사람에게 공정하고 정의롭게 행동하는 것

_____ 건강: 나의 건강을 유지하거나 개선하는 것—신체적 · 정신적 건
강을 돌보는 것

_____ 유연성: 변화하는 상황에 적응하고 조율하는 것

_____ 자유와 독립: 내가 어떻게 살고 행동할지에 대해 선택하며, 다른
사람들도 그렇게 할 수 있도록 돕는 것

_____ 친근감: 타인에게 친절하고, 다정하며, 상냥하게 행동하는 것

_____ 용서와 자기용서: 자신과 타인에게 너그러운 태도를 갖는 것

_____ 재미와 유머: 재미를 추구하고, 즐거운 활동을 찾고, 만들어 내
고, 그것에 참여하는 것

_____ 감사: 나 자신과 타인, 그리고 삶에 대해 감사하는 태도를 갖는
것

_____ 정직: 나 자신과 타인에게 솔직하고, 정직하고, 진심 어린 행동을
하는 것

_____ 근면성: 부지런하고, 열심을 보이며, 헌신적으로 행동하는 것

_____ 친밀함: 마음을 열고, 자신을 드러내 보이며, 정서적으로나 신체
적으로 자신을 공유하는 것

_____ 친절: 자신과 타인을 보살피고, 친절하고, 사려 깊고, 배려 있게
대하는 것

_____ 사랑: 나와 타인에게 다정하고, 애정 어린 행동을 하는 것

_____ 마음챙김: 지금 여기에서의 나의 경험에 대해 지각하고 있고, 열
려 있으며, 호기심을 갖는 것

_____ 질서: 질서 정연하게 정리하는 사람이 되는 것

_____ 끈기와 헌신: 문제나 어려움에도 불구하고 단호하게 밀고 나아가는 것

_____ 존중과 자기존중: 나와 다른 사람을 소중히, 조심스럽게 그리고 긍정적 존중으로 대하는 것

_____ 책임감: 나의 행동에 대해 책임을 지는 것

_____ 안전과 보호: 나와 다른 사람의 안전을 확보하고, 지키며, 보장하는 것

_____ 관능성과 쾌감: 감각적인 경험을 만들어 내고, 탐색하며, 즐기는 것

_____ 성 정체성: 나의 성생활(성적 취향)을 탐색하고 표현하는 것

_____ 능숙함: 나의 기술을 계속해서 연습하고 개선하여 일에 전념하는 것

_____ 지지: 나와 타인에게 지지적이고, 도움을 주며, 격려하고, 접근 가능한 상태에 있는 것

_____ 신뢰: 신뢰할 수 있고, 충성스러우며, 충실하고, 진실되고, 믿을 수 있는 사람이 되는 것

_____ 기타: _____

_____ 기타: _____

• 저자의 다른 책 『자존감 차이: 두려움에서 자유(The Confidence Gap: From Fear to Freedom)』 Penguin Group 출판사(호주, Camberwell, 2010)의 내용을 재구성함.

물론 이 40가지 보편적 가치 활동지는 3단계 이전에도 사용될 수 있다. 그리고 어떤 경우에는 3단계 대신 이 활동지를 활용할 수도 있다. 예를 들어, 내담자가 경험 회피가 심하거나 자신의 가치로부터 분리되어 있어서 경험적인 활동에 저항을 하거나 어려움을 느낄 것 같다면 대신 이 활동지를 하는 것을 선택할 수 있다.

시중에는 이 활동지와 유사한 목적으로 만들어진 다양한 '가치 카드'가 있다. 주로 내담자는 가치 카드를 훑어보면서 매우 중요-꽤 중요-별로 중요하지 않음으로 분류하게 된다. (www.acceptandchange.com/materials 혹은 www.actforadolescents.com에서 무료로 가치 카드를 직접 인쇄할 수 있다. www.lifecompasscards.com에서는 품질 좋은 가치 카드를 구입할 수 있다.)

내담자들은 가치 작업을 하면서 종종 "전 좋은 엄마가 되고 싶어요." "좋은 친구가 되고 싶어요." 혹은 "좋은 롤모델이 되고 싶어요." 와 같은 말을 한다. 난 이런 종류의 말을 '징검다리 답'으로 분류하는데, 이것들은 가치에 조금 더 가까이 가는 말이지만 가치라고는 할 수 없기 때문이다.

구체적인 가치를 찾아내려면 우리는 이러한 답들을 조금 더 깊이 있게 탐색해 보아야 한다. 이를 위해서는 "당신이 좋은 엄마(좋은 친구 등)라는 타이틀을 얻으려면 당신의 아이들(친구들 등)에게 어떻게 행동해야 할까요?" "당신의 아이들(친구들 등)과 있을 때 어떤 자질을 갖추고 싶나요?" "그들에게 어떻게 대하고 싶은가요?"와 같은 질문들이 유용할 수 있다.

내담자가 이런 질문에 대한 답을 모르겠다고 하면 내가 TV 인터뷰라고 부르는 기법을 시도해 볼 수 있다.

상담자: 제가 지금으로부터 10년 후에 생방송 TV에서 당신의 아이들을 인
　　　　터뷰한다고 가정해 봅시다. 저는 그들에게 "당신 어머니의 가장 훌
　　　　륭한 자질은 무엇이었나요? 그녀는 당신의 삶에 어떤 영향을 미쳤나
　　　　요? 그녀는 당신을 대체로 어떻게 대했었나요? 당신이 살면서 어려
　　　　운 시기를 겪을 때 그녀는 무엇을 해 주었나요? 만약 그녀의 성격을
　　　　설명하는 4~5가지의 단어를 선택한다면 어떤 것들이 있을까요?" 등
　　　　의 질문을 할 것입니다. 만약 마술처럼 당신이 원하는 대로 될 수 있
　　　　다면, 당신의 아이들이 이런 질문에 어떤 대답을 하길 원하시나요?

　우리는 이 개입의 내용을 조금씩 수정하여 친구, 직장 동료 등 다
른 타인과의 관계에 적용시킬 수 있다. 하지만 어떤 맥락에서든 항상
강조해야 할 점은 '만약 마술처럼 당신이 원하는 대로 될 수 있다면'
이라는 조건이다. 이 조건은 '이건 불가능해.'라는 생각과 융합되는
것을 막는다. 마지막으로 우리는 "당신이 마음속 깊이 되고 싶은 사
람은 이것을 어떻다고 말해 주고 있나요?"라고 물어볼 수 있다.
　이 시점에서 내담자는 가끔 "이게 나의 진짜 가치라는 것을 어떻
게 알 수 있지요?"라고 묻는다. 이 질문에 대한 바람직한 대답의 예시
는 다음과 같다.

상담자: '길고 짧은 것은 재어 봐야 안다.'라는 속담도 있듯이 재기 전에는 생
　　　　각이나 말을 한다고 해서 알 수 없습니다. 실제로 재어 봐야 알지

요. 가치도 마찬가지예요. 우리는 여기서 이것이 진짜인지 가짜인지 긴 시간 동안 함께 토론할 수 있어요. 하지만 확실한 답은 얻을 수 없을 거예요. 확실하게 아는 방법은 이 방에서 나가서 실제 삶에서 그 가치에 부합하는 행동들을 시도해 보고 어떤 일이 벌어지는지 보는 수밖에 없어요. 그것이 당신에게 삶의 의미, 목적, 활기를 가져다주는지, 거짓 없이 참되게 살고 있다는 느낌을 주는지를 보세요.

가치를 성공적으로 명료화한 후에는 목표 세우기로 넘어갈 수 있다. 이 작업에는 과녁 활동지가 적격이다. 활동지를 보여 주며 그저 "과녁의 중심으로 조금 가까이 가기 위해서 당신이 내디딜 수 있는 작은 한 걸음은 어떤 게 있을까요?"라고 물어보면 된다. 하지만 내담자를 그 시점까지 데려가는 것이 어려울 수 있으니 어떤 것들이 걸림돌이 될 수 있는지 살펴보자.

가치 작업에서 흔히 발견되는 걸림돌

많은 내담자가 가치 탐색 과정에서 융합이나 회피의 수렁에 빠져 어려움을 겪는다. 그런 경우, ACT 삼각형의 '현재에 있기'와 '마음 열기' 꼭지에서 작업하도록 하여라. 즉, 현재 순간에 머무르기, 탈융합, 수용 기술을 통해 융합과 회피를 다룬 후 '중요한 것 하기'로 돌아가라. (이것은 제6장에서 설명된 이탈과 참여 기술의 접근과 동일하다.)

"저는 ○○○을 가치 있게 생각합니다."의 함정

내담자가 "저는 ○○○를 가치 있게 생각합니다."라고 이야기한다고 해서 그 말이 그의 가치에 대해 알려 주는 것은 아니다. 예를 들어, 다음 문장들은 내담자의 가치를 드러내는 문장이 아니다. "저는 돈을 가치 있게 생각합니다." "저는 좋은 일자리를 갖는 것을 가치 있게 생각합니다." "저는 행복을 소중하게 생각합니다." "저는 관계를 소중하게 생각합니다." "저는 성공을 가치 있게 생각해요." "저는 날씬한 몸매를 소중하게 생각해요." "저는 아이들이 소중합니다." "저는 사랑받는 것을 가치 있게 생각합니다."

이런 문장들은 내담자가 어떻게 행동하고 싶은지(가치)를 설명하고 있지 않기 때문에 내담자의 가치를 드러내고 있다고 볼 수 없다. 그 대신 그 문장들은 내담자가 얻고 싶은 것, 갖고 싶은 것, 성취하고 싶은 것, 다른 사람으로부터 받고 싶은 것(목표)들을 설명하고 있다.

어떤 문장이 그 사람이 갖고자─얻고자, 수집하고자, 성취하고자, 모으고자, 소유하고자─하는 무엇을 설명한다면 그 문장은 '가치'라는 단어를 포함하고 있더라도 가치가 아닌 목표에 대한 것이다. 그리고 어떤 문장이 느낌에 초점을 두고 있다면(예: "행복하고 싶어요." 혹은 "자신감을 갖고 싶어요.") 그것은 그 사람의 정서 목표─바라고 있는 특정한 정서 상태─를 기술하는 것이다. 하지만 이런 문장들로 시작하더라도 다음 예시에서처럼 적절한 질문을 통해 궁극적으로 가치를 드러내도록 유도할 수 있다.

상담자: 제가 당신의 그런 목표들이 모두 다 달성되게 할 수 있는 마술봉을 휘둘러서 당신이 사랑받게(수용받게, 존경받게, 유명하게, 날씬하게, 부유하게, 자신감 넘치게, 똑똑하게, 성공적이게, 아름답게, 매력 있게 등) 된다면 당신은 지금과 어떻게 달리 행동하게 될까요? 당신 자신을(몸을, 친구를, 가족을, 환경 등을) 어떻게 대하게 될까요?

여기에서 다시 TV 인터뷰 기법을 사용할 수 있다.

상담자: 자, 마이클 씨, 이 마법 같은 사건이 있은 후 5년이 지났다고 상상해 봅시다. TV 인터뷰를 통해 우리는 당신의 가장 친한 친구들과 친척들에게 다음과 같은 질문을 합니다. "마술 같은 사건이 있고 나서 5년 동안 마이클은 한 인간으로서 어떤 것들을 위해 살았나요? 그의 성격은 어땠나요? 그의 가장 큰 강점과 훌륭한 자질은 무엇이었나요? 그는 당신의 삶에서 어떤 역할을 했나요? 그는 당신을 어떻게 대했나요?" 만약 마술처럼 당신이 원하는 대로 될 수 있다면 그 사람들이 이런 인터뷰 질문에 어떤 대답을 하길 원하시나요?

'꼭, 반드시'의 함정

어느 문장이든 '꼭'이나 '반드시', '해야만 한다'와 같은 단어가 들어가 있다면 그것은 가치가 아니라 엄격한 규칙이나 계명 혹은 명령을 표현한 것이다. 그러한 단어들과 융합된 내담자들은 죄책감, 수치심, 완벽주의, 수행 불안 혹은 압박감 또는 부담감과 싸우는 모습을 보인다. 그런 경우에 우리는 "당신은 그것에 대해 부담을 느끼고 있는 것 같군요. 마치 당신의 어깨 위에 무거운 짐이 있는 것처럼요. 당신의 마음이 당신에게 무엇이라고 이야기하는지 물어봐도 될까요?"라고 질문할 수 있다.

거의 대부분의 경우, 내담자들의 대답은 엄격한 규칙과 명령을 드러내며 '꼭' '반드시' '해야만 한다' '옳고 그름'으로 가득하다. 그런 생각들로부터 탈융합을 촉진시키려면 우리는 "당신의 마음이 가치를 명령으로 변형시킨 걸 알고 있나요?" "당신의 마음이 '해야만 한다'라고 말하고 있네요." 혹은 "그러니까 당신의 마음은 당신이 이것을 완벽하게 해내야 한다고 말하고 있나 보네요? 음, 당신의 마음이 그렇게 말한다고 해서 그것에 꼭 순응해야 할 필요는 없지요."라고 할 수 있다.

그런 다음 우리는 그들이 가치와 다시 연결될 수 있도록 도울 수 있다. "'이것이 저에게 중요하기 때문에 저는 기꺼이 이것을 할 것입니다.'라고 이야기하는 것과 '저는 이것을 꼭 해야만 해요.'의 차이를 느낄 수 있나요?"

파괴적인 규칙과 신념

상담자들은 종종 "제 내담자가 반사회적이거나 파괴적인 가치를 가지고 있을 땐 어떻게 해야 하지요?"라는 질문을 한다. 반문을 통해 그 상담자들이 말하는 상황에 대해 조금 더 알아보면, 그들이 의미하는 것은 항상 파괴적인 가치가 아니라 파괴적인 규칙이나 신념들이었다. 이것은 매우 중요한 구분이며, 다음의 예시에서 그 중요성이 가장 잘 드러난다.

스파이크는 곧 열여덟 살이 되는 고3 학생이다. 그는 다른 학생들과 교사들에게 신체적·언어적 공격성을 보여서 문제아라고 찍혀 있었다. 그는 "누가 나한테 함부로 하면 가만히 안 있을 거야." "아무도 나한테 이래라저래라 할 수 없어." "까불면 내가 혼쭐을 내 줄 거야." "누구든 날 무시하는 말을 하면 맞아야 해." "개자식들이 하는 짓은 봐 줄 필요가 없어."라는 말을 자주 하곤 했다. 이런 문장들은 가치라고 할 수 있을까? 절대로 아니다! 이것들은 모두 규칙("X가 발생하면 Y를 할 거야.")이거나 신념(예: "내가 하고 싶은 대로 할 수 있어야 해.")이다.

몇 가지 추가 질문을 통해 스파이크의 공격성 원인은 그 스스로 자신이 부정한, 불공평한 혹은 무례한 대우를 받았다고 느끼는 상황이라는 것을 발견할 수 있었다. 따라서 우리는 그의 세 가지 중요한 가치―정의, 공정성, 존중―를 확인하게 되었다.

다음으로 우리는 그의 가치에 부합하는 효율적인 행동들(장기적으로 그의 삶을 개선시켜 줄 수 있는 행동들)과 비효율적인 행동들(보상이 크더라도 장기적으로는 상당한 비용 또한 있는 행동들)에 대해서 이야기를 나누었다.

스파이크는 자신의 공격성이 상당한 보상(불쾌한 상황에서 벗어나기, 불편한 감정 피하기, 자기 자신을 위해 무언가를 했다는 만족감, 다른 사람으로부터 오는 관심)을 가져온다는 것을 매우 잘 알고 있었다. 하지만 몇 가지 추가 질문을 통해 내담자는 자신의 행동이 초래하는 상당한 비용(친구를 잃음, 사회적 고립, 외로움, 부모님과의 갈등, 교사와의 갈등, 낮은 학점, 퇴학의 위기 등)에 대해서도 접촉할 수 있었다. 즉, 그는 자신의 행동이 효율성이 떨어진다는 것을 깨닫게 되었다. 결과적으로 그는 "누구든 날 무시하는 말을 하면 맞아야 해."와 같은 신념들을 고수하게 되면 문제가 해결되는 것보다 더 많은 문제를 일으킨다는 것을 알게 되었다.

그의 가치(정의, 공정성, 존중)와 부합하는 더욱 효율적인 행동들을 개발하려면 스파이크는 의사소통, 자기주장, 갈등 해결과 관련된 기술들을 배워야 했다. 또, 그는 자신의 도움 되지 않는 신념들과 규칙들로부터 탈융합해야 했고 자신의 분노, 좌절감, 실망감을 위한 공간을 만들어 낼 수 있는 수용 기술을 배워야 했다.

기술 훈련은 약 반년이 넘게 걸렸지만 스파이크는 이런 기술들을 착실하게 개발해 나가면서 효율적인 선택들을 더욱 많이 할 수 있게 되었고 정의, 공정성 그리고 존중이라는 가치를 위해 깨어 있는 행동을 할 수 있었다. 결과적으로 그의 공격적인 행동은 놀라울 정도로 감소했다. 스파이크의 행동은 파괴적이거나 반사회적인 가치로 인한 것이 아니라 쓸데없는 규칙과 신념과의 융합 때문이었다.

이 주제에 대한 다른 흔한 예시를 들자면, '복수'라는 것을 자신의 가치로 표현하는 내담자를 상상해 볼 수 있다. 우리는 이것을 신속히 재구성하여 "아, 그러니까 당신의 가치는 사실 정의로군요. 그리고 당신의 마음은 정의라는 가치를 실현하기 위한 최고의 방법을 복수라고 생각하는 것이고요. 그래요, 복수도 정의를 위해 살 수 있는 하나의 방법이죠. 하지만 그게 가장 효율적인 방법일까요? 만약 그 경로로 가게 된다면 당신이 감당해야 할 비용은 무엇이 있을까요?" 식으로 정리할 수 있다.

　ACT에서 우리는 항상 파괴적인 행동—자신과 타인에게 파괴적인지—이 핵심 가치에 대한 반영이 아니라는 가정으로부터 시작한다. 오히려 그것은 경험 회피와 융합을 반영한다. 즉, 공격적, 범죄적, 반사회적 혹은 파괴적인 행동들은 보통 자신의 핵심 가치에 대해 깨어 있는 사람들 사이에서는 행해지지 않는다고 본다. 대신, 그런 행동들은 높은 수준의 융합과 회피를 보이는 사람들에 의해 충동적으로 혹은 '아무 생각 없이' 행해진다고 추정된다.

　이것은 실용적인 가정이다. 어쨌든 이와 반대되는 가정으로부터 출발한다면 상담 관계에 큰 문제가 생길 수 있다. 내담자의 파괴적인 행동이 그가 마음속 깊이 소중하게 여기는 것을 드러낸다고 가정한다면 우리는 그와 어떤 관계를 맺을 수 있겠는가? (힌트: 그를 마음 깊이 존중하기는 참으로 어려울 것이다.)

　따라서 자신이나 타인에게 파괴적인 행동을 하는 내담자를 만난다면 다음과 같은 질문을 스스로에게 해 보자.

- 이 사람이 융합되어 있는 신념이나 규칙은 어떤 것들이 있는가? ('꼭' '반드시'와 같은 단어들이 나오는지 특별히 주의를 기울여라.)
- 이 사람이 힘들게 싸우고 있는 감정들은 무엇이 있는가?
- 만약 융합과 회피 밑에 있는 가치를 캐낸다면 어떤 것들이 드러날까?

　이와 관련된 마지막 예시에서는 '힘'이 가장 큰 가치인 내담자를 상상해 보자. 우리는 내담자에게 힘이 있다는 것은 결국 다른 사람에게 영향을 주는 위치에 있다는 것을 말하며, 다른 사람들에게 영향을 미칠 수 있는 방법으로는, ① 장기적으로 내담자의 삶을 향상시키는 효율적인 방법과, ② 장기적으로 내담자의 삶을 악화시키는 비효율적인 방법(예: 관계를 파괴하고, 경찰과 마찰을 일으키게 함.)이 있다는 것을 이야기해 줄 수 있다.

그다음 우리는 내담자가 자신의 현재 행동들을 효율성의 관점(보상 vs. 비용)에서 볼 수 있도록 돕는다. 그리고 나서 우리는 내담자가 다른 사람들에게 영향을 주는 다른 효율적인 방법들에 대해 배우고 싶은지 물어볼 수 있다.

만약 내담자가 그 제안을 거절한다면—만약 내담자가 계속 위협하고, 거짓말을 하고, 조종하고, 겁을 주고, 협박하는 것을 선호한다면—어떻게 할까? 그런 경우에는 침착하게 우리의 윤리적인 입장을 내세워야 한다. 예를 들어, "죄송하지만 당신이 계속 이런 행동을 하도록 돕게 되면 윤리적으로 저에게 문제가 될 것 같습니다. '해가 되지 말자.'라는 저의 윤리적인 입장에서는 당신이 당신 자신에게나 타인에게 위험할 수 있는 것은 허락하지 않을 것입니다. 하지만 이것 외에 제가 당신을 기꺼이 도와드릴 것들이 많이 있다고 봅니다."라고 말할 수 있다. 우리가 내담자와 효과적으로 작업할 수 없다면, 혹은 그렇게 하는 것이 우리 스스로의 윤리 기준을 타협하는 것이라면 다른 전문가에게 의뢰하는 것이 옳은 행동일 것이다.

완벽주의 함정

어떤 내담자들은 그들의 가치가 완벽 혹은 무엇이든 완벽하게 하기라고 이야기한다. 그런 경우에 우리는 "어떤 것을 할 때 완벽해지기를 원하나요?" 라고 물을 수 있다.

내담자가 "저는 완벽한 엄마(교사, 테니스 선수, 배우자, 친구 혹은 소설가)가 되고 싶어요."라고 답을 했다고 가정해 보자. 이때 우리는 완벽주의 아래에 있는 실제 가치를 탐색할 수 있는 기회를 갖게 된다.

상담자: 그럼 완벽한 엄마의 자질은 뭐가 있을까요?

내담자: 음, 완벽한 엄마는 절대로 실수를 하거나 일을 망치지 않아요.

상담자: 그렇지요. 그런데 제가 묻는 것은 그게 아니에요. 그녀의 개인적인 자질은 무엇인가요? 예를 들어, 그녀는 사랑이 많고 친절하며 배려가 있나요?

내담자: 네, 물론이지요.

상담자: 그녀가 가지고 있는 다른 자질들은 어떤 게 있나요?

내담자: 음, 그녀는 공평해요.

상담자: 좋아요. 또 다른 것은요?

내담자: 그녀 곁에 있으면 재미있어요.

상담자: 좋아요!

내담자: 그녀는 필요할 때에는 단호하기도 해요.

상담자: 자기주장을 하나요?

내담자: 네.

상담자: 그래요. 당신이 엄마로서 보여 주고 싶은 자질은 사랑이 많고, 친절
　　　하며, 배려하고, 공정하며, 재미를 추구하면서, 자기주장을 할 수도
　　　있는 그런 자질이군요.

내담자: 네.

상담자: 그래요. 사실 모든 것을 완벽하게 수행해 낼 수 있는 방법은 없습
　　　니다. 그건 불가능해요. 소설이나 영화에 나오는 허구 인물들에게
　　　는 가능할지 몰라도 실제 인간은 그 어떤 것도 완벽하게 할 수 없
　　　어요. 그렇지만 당신이 최선의 가치와 연결되는 삶을 그려 볼 수는
　　　있지요.

　이와 같은 내담자들은 지속적인 상담을 통해 완벽주의적인 생각들
로부터 탈융합하는 작업을 하게 된다. 우리는 다시금 완벽하려고 시
도하는 것과 그저 최선을 다하는 것을 구분 지어 생각해 볼 필요가 있
다. 우리는 내담자가 자신도 계속적으로 실수를 범할 수 있는 인간이
라는 현실을 직면할 수 있도록 돕는다. 그리고 실제로 실수를 하게 되
면 우리는 자기연민을 발휘해야 한다(제14장 참조).

가치 갈등

　진정한 가치 갈등은 매우 드물다. 사람들이 흔히 말하는 가치 갈
등은 거의 대부분 시간 분배에 대한 갈등이거나 엄격한 규칙들 사이
에서의 갈등이다. 예를 들어, 자신의 가족에게 집중하는 것과 자신의
직업에 집중하는 것 사이에서 갈등을 겪고 있는 내담자를 생각해 보

자. 여기서의 관건은 가치가 아니라 시간이다. 근본적으로는 "내 가족을 위해 얼마나 많은 시간을 쏟고 있으며, 내 직업 개발을 하는 데 얼마나 많은 시간을 쏟고 있는가?"에 대한 질문인 것이다.

이 갈등을 해결하는 데 있어 시작점은 내담자가 가족 영역에서의 자신의 가치, 그리고 직업 영역에서의 자신의 가치가 무엇인지를 명확하게 알고, 사실 그 가치들이 각 영역에서 동일할 가능성이 높다는 점까지 깨달을 수 있도록 돕는 것이다. 예를 들어, 그녀는 직장에서나 집에서나 자신이 열린 마음을 갖고 수용하며, 적극적으로 참여하고, 여유가 있으며, 융통성이 있고, 믿을 만하며, 솔직하고, 책임감 있으며, 지지적이고, 따뜻한 사람이기를 바랄 수 있다. 하지만 친밀함, 관용성, 즐거움에 대한 가치는 일터가 아닌 집에서만 적용되는 가치일 것이다.

요점은 내담자가 그녀의 직업에 주당 한 시간을 소비하든, 10시간을 쓰든, 70시간을 쓰든 그녀가 가진 일에 대한 가치는 똑같을 것이라는 점이다. 마찬가지로 그녀가 자신의 가족을 위해 주당 한 시간을 소비하든, 10시간을 쓰든, 70시간을 쓰든 그녀가 가족에 대해 갖고 있는 가치는 똑같을 것이다. 갈등은 가치에 있는 것이 아니라 그녀가 자신의 시간을 어떻게 분배하는지에 있다. (제13장에서는 이러한 딜레마를 가지고 있는 내담자들을 돕는 방법을 다룬다.)

다른 예로, 자녀들에 대해 기본적으로 동일한 가치를 갖고 있는 배우자 커플이 있다고 하자. 그들은 사랑과 배려와 지지가 많은 부모가 되고 싶어 한다. 하지만 아내는 남편이 퇴근 시간을 조금 더 앞당겨서 아이들과 양질의 시간을 보냈으면 좋겠다고 생각한다. 남편은 자

신이 늦게까지 일을 해서 돈을 최대한 많이 벌어 자녀들을 사립 학교
에 보내고 방학 때마다 멋진 해외여행을 데려가고 싶어 한다.

여기서도 갈등은 가치에 대한 것이 아니다. 이들 커플 간의 가치는
사실 같다(사랑과 배려와 지지가 많은 부모). 이 갈등은 규칙 선상에서
존재한다. 각자 근본적인 가치에 대한 '올바른' 행동에 자신만의 엄격
한 규칙이 있다.

이런 커플을 위한 좋은 시작점은 먼저 가치와 규칙의 차이점을 설
명해 주는 것이다. 그 후 각자의 가치를 명료화하고 서로의 가치가
크게 다르지 않다는 것을 깨닫게 돕는다. 공통점을 확인한 후 우리
는 이 커플이 자신들의 규칙을 살펴보고 너무 엄격하게 그 규칙들
을 고수할 때 어떤 비용들이 발생하는지 평가하도록 한다. 마지막으
로 더욱 풍요롭고 깊은 관계를 위해 자신들의 규칙을 어느 정도까지
조율할 수 있는지 생각해 보도록 한다. [배우자와의 관계에서 발생하
는 갈등을 다루는 방법에 대한 자세한 내용은 저자의 또 다른 책 『사랑으로
ACT(ACT with Love)』(Harris, 2009b)를 참고하라.]

여기에 또 다른 예시로, 상담자와 내담자 사이의 명백한 가치 갈등
이 있다고 생각해 보자. 이런 경우에도 거의 대부분 갈등은 가치가
아닌 규칙, 신념, 목표의 수준에서 발생한다. 주로 내담자는 상담자
가 반대하거나 동의하지 않는 목표를 추구하거나 신념 체계를 고수
한다. 예를 들어, 내담자가 바람을 피우거나, 불법 활동에 참여하거
나, 인종 혹은 성차별적인 사상들을 옹호할 수 있다. 그런 경우에 우
리는 그 내담자와 효과적으로 기꺼이 작업할 수 있는지를 점검해 보
아야 한다. 우리가 우리 자신의 신념들로부터 충분히 탈융합되어 효

과적인 작업을 위해 불편함을 위한 여유 공간을 만들 수 있는지 스스로 물어봐야 한다. 만약 내담자와 효과적으로 작업할 수 없다면 혹은 그렇게 하는 것이 우리의 윤리적 기준에 어긋난다면 내담자를 다른 전문가에게 의뢰해야 한다.

"잘 모르겠어요."라는 괴물

많은 내담자는 가치에 대한 질문에 "잘 모르겠어요."라는 대답을 한다. 이에 상담자들은 성급하게 '안 돼… 이 내담자는 아직 이해를 못 하고 있네. 어떻게 해야 하지?'라는 생각과 융합을 해 버린다. 이 럴 때 우리가 가장 먼저 해야 할 것은 도움이 되지 않는 마음의 속삭임으로부터 빠져나와 불안을 위한 공간을 만들고, 내담자와 온전히 지금 여기에서 함께하는 것이다. 이와 동시에 우리는 내담자의 이러한 반응이 어떤 기능을 하고 있는지 탐색해 보아야 한다. "이 행동의 기능은 무엇일까? 즉, '잘 모르겠어요.'라는 말은 어떤 목적에 도움이 될까? 이것이 이루고자 하는 의도는 무엇일까?"라고 스스로에게 물어보아야 한다.

이것은 정보 요청의 의도로 사용되고 있을 수도 있다. 가치라는 개념이 내담자에게는 너무나도 생소한 개념이어서 내담자는 상담자가 하는 말을 진심으로 이해하지 못할 수도 있다. 그런 경우에 우리는 앞에서 언급된 1, 2, 3단계를 거친 후 간략하게 가치에 대한 몇 가지 예시를 들어 주고 나서 경험적 연습 활동으로 넘어가야 한다. 만약 경험적 연습 활동이 잘 진행되지 않거나 내담자가 저항을 한다면

40가지 보편적 가치 활동지를 사용할 수 있다. (이 활동지는 "저는 가치라는 것이 없어요."라고 말하는 내담자에게도 유용하다.)

어려운 질문에 대해 "잘 모르겠어요."라고 말하는 행동은 회피 행동일 수도 있다. 가치에 대한 질문들은 종종 불편한 감정(예: 불안, 혼란스러움, 죄책감)을 유발한다. 이것들이 "잘 모르겠어요."라고 말하는 행동의 원인이자 선행사건이다. 그렇다면 이 행동의 보상, 즉 강화하는 결과는 무엇일까? 이런 행동은 내담자로 하여금 질문을 피하게 하고 불편한 감정들을 없앨 수 있도록 한다.

만약 그 행동의 기능이 회피라고 생각된다면 우리는 그것을 다양한 방법으로 다룰 수 있다. 예를 들어, 아직 1단계(가치를 탐색하는 이유 제공)나 2단계(가치란 무엇인지 설명)를 하지 않았다면 지금 할 수 있다.

만약 1, 2 단계를 이미 수행했다면 우리는 다시 한 번 이 작업의 원리를 확인한 후(1단계) 내담자에게 "지금은 제가 드린 질문에 답을 하실 수 없나 보군요. 그럼 저와 함께 활동 하나를 통해 답을 찾아 나가 보는 것은 어떠세요?"라고 물을 수 있다. 그러고 나서 3단계로 넘어간다.

우리는 내담자가 자신의 행동의 기능을 발견할 수 있도록 도울 수 있다.

상담자: 제가 틀릴 수도 있겠지만 제가 보기에 이런 현상이 나타나고 있는 것 같네요. 제가 이 가치라는 것에 대해 질문을 할 때마다 사람들은 종종 불안해하거나 혼란스러워하거나 둘 다를 느끼게 되는 것 같아

요. 우리의 마음은 문제 해결 기계라는 걸 기억하지요? 원치 않는 무언가를 접하게 되면 마음은 그것을 피하거나 없애려고 노력합니다. 그래서 어떤 사람이 당신에게 어려운 질문을 할 때 마음이 취하는 해결 방안은 대개 "잘 모르겠어요."라고 말하는 거예요. 그리고 "잘 모르겠어요."라고 말하는 것이 대화를 끝나게 하는 결과를 가져다준다면 불편함이 즉각적으로 사라지지요. 문제는 해결되었네요, 그렇죠? 그렇지만 그렇게 하는 것이 안 좋은 점도 있어요. 만약 우리의 대화를 거기서 멈추게 된다면 우리는 계속 가치를 명료화하지 못할 것이고, 제가 이전에 말씀드린 이점을 경험할 수 있는 기회를 갖지 못하게 됩니다.

이 시점에서 상담자는 몇 가지 방안 중 선택할 수 있다. 하나는 제6장에서 설명된 이탈과 참여 기술을 사용하는 것이다. 또 다른 방안들은 다음과 같다.

- "제 이론을 시험해 봐도 될까요? 물론 제가 틀릴 수도 있겠지만 한번 봅시다. 제가 아까 그 질문을 다시 한 번 할게요. 그런데 이번에는 아무런 답을 하지 말아 보세요. 30초 동안 가만히 멈추고, 어떤 생각과 느낌이 올라오는지 알아차려 보세요." (상담자는 여기서 올라오는 느낌들로 탈융합이나 수용 작업을 할 수 있다.)
- "제 이론이 맞는 것 같나요? (내담자가 '네.'라고 대답하면) 그렇다면 당신의 첫 대답은 '잘 모르겠어요.'였지만 이 주제에 조금 더 머물러 있어도 괜찮을까요? 제가 그 질문을 다시 한 번 해 볼게

요. 이번에는 1~2분 동안 아무런 말을 하지 말고 그 질문을 갖고 있어 보세요. 어떤 생각들이 올라오는지 보세요. 첫 번째 드는 생각은 역시나 '잘 모르겠다.'일 수도 있어요. 그런데 계속 머물러 있어 보시고, 그 외에 다른 생각들이 떠오르는지 보세요."

• "그 이론이 맞는 것 같나요? (내담자가 '네.'라고 대답하면) 사실 당신의 반응은 아주 정상적이에요. 가치 작업은 많은 사람에게 정말 불편한 작업이에요." (이제 상담자는 다음 전략 중 몇 가지 혹은 전부 다를 수행한다.)

  – "지금 무엇이 느껴지는지 물어봐도 될까요? 당신 몸에서 어느 부분인가요?" (상담자는 감정의 마음챙김과 자기연민으로 넘어간다.)

  – "당신의 마음은 지금 뭐라고 이야기하고 있나요?" (상담자는 이제 탈융합으로 넘어간다.)

  – "불편하더라도 이게 당신 삶에 좋은 변화를 가져올 수 있다면 계속해 보실 의향이 있으신가요?" [상담자는 이제 가치 있는 삶을 위해 불편함을 수용하는 것과 관련된 비유(예를 들어, 제1장에 나왔던 치과 의사 비유)를 아무것이나 사용할 수 있다.]

"관심 없어요."라는 괴물

내담자가 "저는 어떤 것에도 관심이 없어요." "그 어떤 것도 중요하지 않아요." "이건 시간 낭비예요"라고 말한다면 이 행동들 또한 "잘 모르겠어요"와 동일한 기능을 가지고 있다. 즉, 어려운 대화를 피하고 그와 관련된 불편한 감정들을 없애는 것이다. 따라서 우리는 바로 앞에서 언급된 반응들과 전략들을 사용하여 내담자가 자신의 행동이 가지고 있는 기능을 발견하게 하고 다음 단계를 앞의 선택 목록에서 선택한다.

실험

- 개인적으로 가치 작업을 시작하는 4단계 과정을 연습해 보라.
- 최소 한 명의 내담자와 회기 중에 그 과정을 거쳐 보라.
- 가치에 관해 자신 있게 전달할 수 없는 측면이 있다면 술술 나올 수 있게 될 때까지 연습하라. 내담자 앞에서 이야기하듯 소리 내어 연습하라.
- 당신이 만약 경험적 연습 활동을 피하고 단지 대화를 통해 가치 작업을 하려는 자신의 모습을 발견했다면 적극적인 개입을 실천할 수 있는 방안을 모색해 보라.

제8장

정중히
끼어들기

혹시 멈추지 않고 끊임없이 이야기하는 내담자를 만난 적이 있는
가? 그런 내담자를 어떻게 멈춰야 할지 몰라서 계속 경청만 했던 경
험이 있는가? 그런 회기는 당신에게 어떠했나? 지루했는가? 좌절을
맛보았는가? 짜증스러웠는가?

이 장에서는 회기 중에 일어나는 문제 행동들을 살펴보고, 그 행동
들을 어떻게 중단시킬지, 대체할 수 있는 효율적인 행동을 어떻게 강
화시킬지에 대해 논의할 것이다. 먼저 많은 상담자가 어려움을 느끼
는 끊임없이 이야기하는 내담자의 예시로 시작할 것이다. 그리고 이
예시에 나오는 일반적인 원리를 다른 문제 행동에는 어떻게 적용할
지 설명하겠다.

멈추지 않는 내담자

끊임없이 이야기하는 내담자는 여러 모습으로 나타난다. 어떤 내담자는 너무 불안해서 자신의 걱정에 대해 필사적으로 이야기하려고 한다. 마치 단어들을 빨리 내뱉지 않으면 자신이 폭발할 것처럼 이야기하려고 한다. 또 어떤 내담자는 세심한 내레이터처럼 자신의 이야기의 세세한 부분까지 상세하게 전달하는데, 무엇이 중요하고 중요하지 않은지를 모르는 듯하다. 또 다른 내담자는 과도하게 반복하며 '분석 마비'라는 수렁에 빠져 있거나, 자신의 모든 문제는 다른 사람들의 탓이라고 끊임없이 불평을 늘어놓는다. 혹 다른 내담자는 이미 했던 같은 이야기를 매 회기마다 계속해서 들려주고 싶어 한다.

이런 내담자들은 우리에게 상당히 큰 도전이다. 우리는 상담자로서 존중과 공감의 자세를 유지하고 싶어 한다. 하지만 상담 회기 내에서 내담자가 쉴 틈 없이 이야기를 하도록 허용하면서 그저 따뜻하게 들어주기만 한다면, 앞서 설명했듯이 우리는 그들의 비효율적인 행동을 강화하는 결과를 초래할 수 있다.

따라서 우리는 내담자의 비효율적인 행동을 중단시킬 수 있는 공손하고 따뜻한 방법을 찾아내야 한다. 제6장에서도 비슷한 주제로 이탈과 참여(The Off-Track, On-Track) 기술(상담 회기 주제 설정하기, 한 팀을 이루어 작업하는 것에 대해 동의하기, 마음의 훼방 책략으로부터 탈융합할 수 있도록 종이에 목록 만들기)을 다루었었다. 하지만 종종 이 접근으로 불충분할 때가 있다. 즉, 내담자가 어떤 행동을 하고 있는

도중이라도 내담자를 중단시켜야 할 때가 있다. 보통 다음 3단계를
통해 내담자를 공손하고 따뜻한 태도로 중단시킬 수 있다.

　① 방해 또는 중단하는 행동이 무례한 행동이라는 것을 인정하기
　② 그 무례한 행동을 하게 되어 미안한 마음을 진심으로 전달하기
　③ 그럼에도 불구하고 중단해야 할 필요성에 대해 설명하기

　이에 대한 예시로 다음의 축어록을 살펴보자. 범불안장애를 갖고
있는 한 내담자는 상담에 와서 매우 빠른 속도로 5~10분 이상을 멈
추지 않고 이야기하는 경향이 있다. 그녀는 주로 자신의 걱정과 염려
를 쏟아 놓는다. 첫 회기에서 상담자는 거의 아무 말도 하지 못했다.
다음의 축어록은 2회기가 약 20분 정도 지난 시점이었다. 그 시점까
지 내담자는 상담자에게는 입을 열 기회를 거의 주지 않았고, 자신의
걱정을 쉴 틈 없이 장황하게 늘어놓았다.

(경고: 다음의 축어록을 읽으면서 ACT 상담자가 추구하는 공손하고 따뜻한 태도를 마음에
담아 두어라. 축어록을 읽다 보면 이런 태도가 잘 전달되지 않을 때가 있다. 만약 다음에
나와 있는 개입들이 공격적, 비판적이거나 짜증난 태도 혹은 냉담하고, 멸시하며, 차갑고,
배려 없는 태도로 전달이 되었다면 아마 상담은 망했을 것이다. 또 다음에 나온 예시는 결
정적인 수 혹은 마지막 수단으로 사용되는 것임을 명심해야 한다.)

내담자: (불안에 가득 찬 목소리로 쉴새 없이 엄청 빠르게 이야기를 한다.)
　　　 … 그냥 계속돼요… 계속, 계속… 하나가 있은 후에 또 다른 게 바
　　　 로 있고……. 평온한 적이 없어요. 아무도 저에게 휴식을 주지 않
　　　 아요. 하루라도, 딱 하루 정도라도 조용히 혼자 평온한 시간을 가질

수 있으면 얼마나 좋을까요? 제가 시도를 해 보지 않은 게 아니에
요. 많이 노력했죠. 정말 여러 방법을 써 봤고, 써 보고 있어요. 그
냥 저 자신에게 뭔가 큰 문제가 있는 것 같아요. 제 뇌가 이상한 것
같아요. 엊그제 어떤 기사를 보았는데…….

상담자: ('멈추세요.'라고 의미하듯 손바닥이 내담자에게 보이게 손을 들어
올린 후 침착하고 친절하게 부드러운 목소리로 말을 한다.) 세라
씨, 제가 당신의 이야기를 중단시켜도 될까요? 중요하게 할 이야기
가 있어요.

내담자: (쉴 새 없이 빠른 속도로 다시 말을 한다.) 음, 알겠어요. 물론이죠.
그런데 제가 잊기 전에 이것만 좀 이야기해 드릴게요. 가끔 말하고
싶은 게 있는데 잊어버릴 때가 있거든요.

상담자: (다시 손바닥이 내담자에게 보이게 손을 들어 올린 후 침착하고 친
절하게 부드러운 목소리로 말을 꺼낸다.) 잠시만요, 세라 씨. 제가
당신의 이야기를 중단시키는 게 무례한 행동이라는 것도 알고 있어
요. 그리고 이렇게 해야 해서 정말 미안해요. 그런데 당신과 중요하
게 나눠야 할 이야기가 있어요.

내담자: (쉴 새 없이 빠른 속도로 다시 말을 한다.) 음… 그래요. 그런데 선
생님이 무슨 말을 하실지 전 벌써 알 것 같아요. 선생님은 저에게
무슨 문제가 있다고 말씀하실 거지요? 그런데 그건 제가 계속해서
말해 왔던 거잖아요. 선생님과 제 의사 선생님한테도 말했듯이 저
의 뇌에 무슨 문제가 있다니까요. 어떤 책을 읽었는데 거기에…….

상담자: (다시 손바닥이 내담자에게 보이게 손을 들어 올린 후 침착하고 친
절하게 부드러운 목소리로 말을 꺼낸다.) 세라 씨, 잠시만요. 제가

좀 무례하더라도 양해 좀 부탁드릴게요. 저는 지금 잠깐 동안만 당
신의 이야기를 중단해 달라고 부탁드리는 거예요. 저는 이야기할
수 있는 기회를 갖고, 당신은 듣는 시간을 갖는 것이지요. 한 몇 분
동안만 그렇게 할 수 있을까요? 저도 당신이 하고 싶어 하는 이야
기가 무엇인지 듣고 싶지만 먼저 제가 꼭 해야만 하는 말이 있어요.
정말 중요해서 이렇게 부탁드리는 거예요. 지금 제가 이야기할 기
회를 얻지 못한다면 제 생각에는 이번 상담 회기 전체를 허비하게
될 것 같아요.

내담자: (걱정스러운 표정으로) 무슨 말씀이세요, 상담 회기를 허비하다니요?

상담자: 설명해 드릴테니 몇 분만 저에게 말할 기회를 주시겠어요?

내담자: 네, 물론이죠. 말씀해 보세요. 좀 놀랐어요. 전 시간을 허비하고 싶
은 생각은 없거든요. 전 여기에 와 있으려고 꽤 많은 돈을 내고 있
고요. 벌써 선생님 말고도 다른 선생님들도 만나 보았고요. 제가 얼
마나 많은…….

상담자: (다시 손바닥이 내담자에게 보이게 손을 들어 올린 후 침착하고 친
절하게 부드러운 목소리로 말을 꺼낸다.) 세라 씨, 부탁드릴게요.
지금 벌써 네 번째 당신에게 말할 기회를 요청하고 있네요. 조금 좌
절감이 드네요. 몇 분만 말을 멈추시고 저에게 말할 기회를 주시겠
어요?

내담자: 알겠어요, 알겠어요. (자세를 틀어 앉았지만 얼굴 표정에 못마땅함
이 드러난다.)

상담자: 고마워요. 이 상황이 당신에게 불편하다는 게 느껴져요. 그리고 이
렇게 할 수 있도록 해 주어서 고맙게 생각합니다. 제가 이렇게 당신

을 중단시키면 당신의 기분이 상하거나 짜증을 낼까 봐 걱정이 되기도 했어요. 하지만 제가 당신을 중단시키지 않고 있을 때 어떤 일이 벌어질지를 생각하니 더 큰 두려움이 생기더라고요. 제 생각에는 저희가 지금껏 해 온 대로 상담을 진행하게 되면 이번 회기에서도 당신의 삶에 지속적인 변화를 가져다줄 어떤 것을 이루어 내지 못할 것 같아요. 당신이 이렇게 저에게 말할 기회를 주니 정말 고마워요.

물론 이것은 매우 극단적인 예시에 속한다. 내담자에게 네 번이나 요청해야 되는 상황은 많지 않을 것이고 한두 번으로 충분할 것이다. 앞의 축어록 중 상담자가 네 번째로 요청을 하면서 "지금 벌써 네 번째 당신에게 말할 기회를 요청하고 있네요. 조금 좌절스럽네요."라고 한 것은 의도적인 전략이었다. 그런 솔직한 자기개방은 내담자에게 소중한 피드백을 제공한다.

대부분의 상담자는 이런 개입을 할 때 큰 불안을 경험한다. 우리는 내담자를 비공감적으로 대하거나, 화나게 하거나, 적대감을 느끼게 하거나, 기분 상하게 하는 것(치료적 동맹을 깨뜨리는 것, 적대적인 반응을 불러일으키는 것 등)을 매우 두려워한다. 물론 그런 불안을 피하는 쉬운 방법은 그냥 내담자의 말을 경청하는 것이다. 이런 이유로 우리는 주기적으로 "나는 나의 가치에 부합하는 행동을 하기 위해 불편함을 위한 공간을 만들 수 있는가?"라는 질문을 스스로에게 던져 보아야 한다. 그렇다. 이러한 개입을 할 때 내담자의 기분이 상하거나 화를 내게 되는 상황이 발생할 수 있다. 하지만 그것보다 더 큰 위험 부담은 비효율적인 행동을 계속 허용할 때 그 행동을 강화하는 결과가 발생할 가능성이다. 우리는 내담자가 자신의 오래된 비효율적인 행동 패턴을 깨고, 조금 더 효율적인 새로운 행동들을 개발할 수 있도록 도와야 한다.

비효율적인 행동을 약화시키는 6단계

끊임없는 걱정과 반추하기, 모든 문제를 남의 탓으로 돌리기, 상담자를 비난 혹은 모욕하기, 관련 없는 질문들을 계속해서 던지기 등 비효율적인 행동이라도 그것을 약화시키는 6가지 단계가 있다. 우리는 이 6단계 중 몇 가지만 선택하여 사용할 수도 있고 모두 다 사용할 수도 있다. 많은 개입이 여러 가지를 동시에 포함시킨다.

① 내담자의 행동을 기회로 여기기
② 그 행동을 공손하게 중단시키기
③ 그 행동에 대해 비판적이지 않은 태도로 설명해 주기
④ 행동의 의도를 명확하게 하기
⑤ 행동의 효율성 고려하기
⑥ 효율적인 대안적 행동 강화하기

1단계: 내담자의 행동을 기회로 여기기

제3장에서는 ACT에서 유연성의 중요성에 대해 논의하였다. 이 유연성의 한 측면은 우리의 계획을 내려놓는 것이다. 만약 내담자의 문제 행동이 지금 당장 우리 눈앞에서 벌어지고 있다면 그 회기를 위해 계획한 것들을 잠시 내려놓고 그 행동을 집중적으로 다루도록 하자.

우리는 종종 상담 회기 중 발생하는 문제 행동들이 작업하기에 가장 좋은 재료라는 것을 깨닫지 못한다. 그 대신 우리는 그런 행동이 치료의 '실제 작업'을 하는 데 걸림돌이 된다고 생각한다. 우리는 이 상황을 적극적으로 재구성해야 한다. 그 행동은 거의 항상 탈융합이나 회피 때문에 유발되는 것임을 인식하고 있어야 한다. 즉, 그런 행동은 ACT에 대해 그저 말로 설명만 하는 것이 아니라 지금 여기에서 실제로 ACT를 할 수 있게 하는 황금 같은 기회를 제공한다. 그리고 이것 또한 기억하자. 상담실에서 보이는 내담자의 문제 행동은 실제 내담자의 삶의 여러 영역에서도 나타나고 있을 가능성이 높다.

2단계: 그 행동을 공손하게 중단시키기

내담자가 보이는 문제 행동을 치료의 걸림돌로 보는 것이 아니라 치료의 기회로 보게 되었다면 그 행동을 중단하는 것이 다음 단계이다. 이것을 할 수 있는 여러 방법 중 몇 가지 예시는 다음과 같다.

- "제가 잠시 좀 방해해도 될까요?"
- "지금 잠시 타임아웃을 외쳐도 될까요?"
- "사실 여기 상담실에서 일어나는 일들을 쭉 보면서 당신과 나누고 싶은 것이 생겼어요."
- "여기서 당신을 멈추게 해도 될까요? 지금 매우 중요한 일이 일어나고 있어요. 조금 다루고 넘어가야 할 것 같아요."

내담자를 방해하는 것은 우리가 가장 망설이는 행동 중 하나이며, 그것은 우리 자신의 융합과 회피로 인한 것인 경우가 많다. 따라서 이 기회에 우리는 다음 예시에서처럼 내담자를 위해 ACT를 모델링하는 시간을 가질 수 있다.

상담자: 지금 상담실에서 일어나는 것 중 뭔가 보이는 게 있어요. 조금 문제가 될 수 있는 거예요. 그리고 그걸 당신에게 말해 주고 싶네요. 저의 마음은 그렇게 하는 것이 당신을 화나게 하거나 기분 상하게 할 수 있다고 속삭이고 있어요. 그래서 사실 전 매우 불안해하고 있답니다. 뱃속도 부글거리고, 심장도 쿵쾅거려요. 그냥 입 꾹 다물고 조용히 있고 싶은 마음도 매우 커요. 하지만 이 방에서 나의 목표는 사람들이 조금 더 나은 삶을 살 수 있도록 돕는 거예요. 그렇기 때문에 그냥 이렇게 앉아서 보이는 것들에 대해 아무 말도 하고 있지 않는다면 저는 저의 상담자로서의 가치를 따라가지 않는 행동을 하게 되는 거예요. 물론 당신에게도 아무 도움이 되지 않을 거고요. 지금 전 매우 떨리고, 저의 마음은 계속해서 그냥 입 다물고 있으라

고 소리 지르고 있지만, 제 눈에 보이는 몇 가지를 당신과 나누고 싶어요.

여기서 상담자는 ACT의 6가지 핵심 과정들 중 다섯 가지(탈융합, 수용, 가치, 전념 행동, 현재 순간과 접촉하기)를 명백하게 모델링한 것을 볼 수 있다. 게다가 상담자는 지금 의심의 여지없이 내담자의 온전한 관심을 받고 있다!

내담자를 중단하기 위한 요청을 할 때 다음과 같은 요소를 포함하여 더욱 효과적이고 공손하게 하라.

- 허락 받기
- 틀릴 수 있다는 생각을 기꺼이 하기
- 필요성 설명하기
- 중단을 의미하는 신호에 대해 합의하기

허락 받기

우리가 내담자에게 그를 중단해도 괜찮다는 허락을 받는 절차를 거치는 것은 존중을 표현하는 것이다. (우리는 ACT를 하면서 중단하는 것 외에도 새로운 연습 활동을 소개하거나 어려운 활동을 조금 더 지속해도 되는지에 대한 허락을 내담자에게 받아 낼 때가 있다. 예를 들어, "지금 약간의 연습 활동을 해도 괜찮을까요? 꼭 그러지 않아도 괜찮지만 지금 연습 활동을 하게 되면 당신에게 도움이 될 것 같아서요." 혹은 "이 활동을 조금 더 해 봐도 될까요? 꼭 그러지 않아도 되고, 언제든 멈춰도 되지만 조금만 더 해 보시면 뭔가 더 많이 얻어 가실 것 같아서요. 그건 당신 선택이에요." 등이 있다.)

틀릴 수 있다는 생각을 기꺼이 하기

진심으로 겸허하게, 우리가 틀릴 수도 있다는 태도를 갖는 것은 매우 중요하다. 우리의 이론과 관찰과 예측은 정확할 수도 있지만 완전히 틀릴 수도 있다. 내담자에게 어떤 피드백이나 의견을 주기 전에 "틀릴 수도 있다고 생각해요."라는 말을 덧붙이는 것이 종종 도움이 될 수 있다. 특히, 내담자의 행동 기능을 이론적으로 설명하거나 새로운 연습 활동을 제안할 때 도움이 된다.

필요성 설명하기

어떤 개입에 대한 훌륭한 근거를 제공하면 내담자는 기꺼이 참여하고 싶은 마음이 생긴다. 그리고 이 절차 또한 내담자를 존중한다는 것을 의미한다. 가끔 필요성이 꽤 모호할 수도 있는데, 그런 경우 "이게 당신에게 도움이 될 것 같아요." 혹은 "이걸 통해 당신이 유용한 무엇을 배울 수 있을 것 같아요."라고 할 수 있다. 하지만 다른 경우에는 다음의 예시처럼 필요성을 구체적이고 상세하게 설명해야 한다.

중단을 의미하는 신호에 대해 합의하기

끊임없이 이야기하는 내담자처럼 어떤 내담자를 위해서는 중단을 요청하는 일이 자주 필요할 수 있으며, 그럴 경우에 상담자와 내담자 간에 중단을 요청한다는 의미의 신호를 설정할 수 있다.

다음은 앞의 네 가지 요소들이 함께 어우러진 예시이다.

상담자: 제가 틀릴 수도 있지만 당신은 당신의 마음이 무언가를 말하라고 하면 그것을 꼭 말해야 하는 것 같아요. 마치 그 일에 대해서 당신은 아무런 권한이 없는 것처럼 말이에요. 그냥 마음이 하라고 하면 해야 하는 것 같네요. 여기서 정말 도움이 될 만한 것을 말씀드릴게요. 당신이 자신이 하는 것에 대한 통제력을 다시 부여받는 연습 활동을 같이하는 거예요. 지금 시점에서는 당신의 생각과 느낌이 당신의 행동을 거의 좌지우지하고 있어요. 그렇지만 이 방식은 당신에게 별로 효과적이지 않아요. 저는 당신이 정말 마음속 깊이 하고 싶어 하는 행동을 할 수 있도록, 즉 당신이 행동에 대한 통제력을 가질 수 있게 돕고 싶어요. 어떠세요? (내담자도 동의한다.) 좋습니다. 그럼 당신의 마음이 당신을 지배한다는 생각이 들 때 제가 당신을 좀 방해해도 될까요? 그럴 때 저의 손을 들고 (손을 펴서 들어 보인다) 신호를 보낼게요. 제가 이렇게 하면 당신은 5초 동안 이야기를 멈추고 당신의 마음이 어떻게 작용하고 있는지, 당신의 몸에서는 무엇이 느껴지는지 보세요. 괜찮으시겠죠? 조금 이상하게 느껴

질 수도 있는데, 이것은 당신의 행동에 대한 통제력을 다시 찾을 수 있는 간단하고 강력한 첫 단계가 될 거예요. 제가 신호를 보내도 당신은 계속 말을 하고 싶은 강한 욕구를 느끼시게 될 거예요. 하지만 그 욕구에 꼭 순응을 하지 않아도 된다는 것을 배우게 될 겁니다.

3단계: 그 행동에 대해 비판적이지 않은 태도로 설명해 주기

다음 단계에서는 우리가 알아차린 내담자의 행동에 대해 침착하고, 친절하고, 공손하고, 따뜻하고, 판단하지 않는 태도로 설명을 해준다. [이것을 잘하려면 우리의 마음을 열고 우리가 가지고 있는 불편한 감정들(예: 좌절감 혹은 불안)을 위한 공간을 만들어야 하며, 내담자나 그의 행동에 대한 판단적인 생각으로부터 탈융합을 시도해야 한다.] 다음은 몇 가지 예시이다.

- "당신은 쉴 새 없이 매우 빠르게 이야기하는 경향이 있다는 걸 알게 되었어요. 그리고 제가 무슨 말을 하려고 해도 당신은 멈추고 들으려고 하는 모습을 거의 보이지 않고요. 만약 멈춘다고 해도 저에게 몇 초 이상은 주지 않고, 다시 당신의 이야기를 시작하지요."
- "우리가 X라는 주제를 꺼낼 때면 당신은 대화의 방향을 바꿔서 완전히 새로운 주제에 대해 이야기하는 것 같아요."
- "또 다시 X, Y, Z에 대해서 말씀하시고 있군요. 사실 왜 그렇게

하시는지 조금 혼란스러워요. 당신이 알고 있는지 모르겠지만 그 이야기는 벌써 지난 몇 회기 동안 최소한 네 번은 매우 자세하게 해 주셨거든요."

이 단계에서 우리는 탈융합 작업도 다음과 같이 부드럽게 진행해 볼 수 있다. "제가 당신에게 당신이 달리 행동할 수 있을지에 대한 질문을 할 때마다 다른 사람들을 탓하는 행동을 하기 시작하는군요. 마치 당신의 마음이 다른 사람들이 무엇을 잘못하고 있는지에 대한 목록을 미리 준비해 두었다가 당신 눈앞에 갑자기 꺼내 놓는 것처럼요."

4단계: 행동의 의도를 명확하게 하기

그다음 단계는 그 행동의 목적이나 의도를 탐색하는 것(즉, 행동의 기능을 찾아내기)이며, 주로 이런 질문으로 시작한다. "이 행동을 함으로써 당신이 이루려고 하는 것이 무엇인지 여쭤봐도 될까요?" "이 행동의 목적에 대해서 잠시 생각해 보시겠어요?" "이렇게 하면 어떤 결과가 나타날 거라고 예상하시나요?" "이걸 할 때에는 어떤 결과를 기대하시나요? 혹시 제가 조금 더 이해했으면 하는 부분이라든지 제가 어떤 반응을 보였으면 하는 게 있으신가요?"

어떤 내담자들은 이런 질문을 받으면 혼란스러워한다. "잘 모르겠어요. 그냥 하게 되는걸요."라든지, "제가 그런 행동을 하고 있는지도 몰랐어요."라고 말한다. 이 시점에서 우리는 선택을 할 수 있다. 우리가 관심을 갖고 있는 그 행동에 대해 간단하면서도 교훈적인 혹은 비유적인 설명을 제공함으로써 내담자가 그 행동을 이해할 수 있도록 도울 수 있다. 아니면 제4장에서 설명된 행동의 기능 분석 활동을 같이해 볼 수도 있다. 다음의 첫 두 개 예시에서의 상담자는 내담자에게 교훈적인 설명을 제공하는 방법을 선택하였고, 세 번째 예시에서는 조금 더 비유적인 설명(문제 해결 기계로서의 마음)을 하는 상담자를 볼 수 있다.

상담자: 제가 틀릴 수도 있겠지만 저의 생각은 이렇습니다. 제가 그 질문을 할 때면 당신은 불편한 감정들이 느껴지기 시작하는 것 같아요. 당신의 마음이 당신을 구출해 주려고 달려와서 대화를 다른 방향으로 이끌어 가기 시작하는 것이지요. 더 이상 당신이 그 질문에 대한 답을 하지 않아도 되게, 그리고 그 불편한 감정들이 사라지게 말이에요.

내담자: (깊은 생각에 잠긴 듯이) 음…….

상담자: 물론 제가 틀릴 수도 있어요. 한번 확인해 볼까요? 괜찮다면 아까 그 질문을 다시 한 번 해 볼게요. 이번에는 적어도 20초 동안은 아무 말도 하지 말아 보세요. 그 대신 어떤 생각과 감정이 올라오는지 살펴보세요.

◆　◆　◆

상담자: 이게 꼭 맞다고 말씀드리는 것은 아니지만, 제 생각엔 이런 것 같아요. 당신이 당신의 문제에 대해 열심히 이야기하는 행동은 당신에게 적어도 두 가지의 큰 이득을 가져다줘요. 첫째, 당신의 몸에서 느껴지는 불쾌한 느낌들로부터 주의를 다른 데로 돌릴 수 있도록

해 줍니다. 둘째, 당신이 문제를 해결하려고 매우 열심히 노력한다는 느낌을 받을 수 있게 합니다. 문제에 대해서 열심히 이야기하면 어떤 유용한 해결책이 얻어질 것처럼 느껴지는 거죠.

◆ ◆ ◆

상담자: 제가 틀릴 수도 있겠지만 저의 가설을 말씀드려도 될까요? 저번에 인간의 마음이 문제 해결 기계와 같다는 이야기를 한 적이 있었지요? (내담자가 동의함.) 문제의 핵심은 주로 '여기 원치 않는 것이 있다.'라는 것이고, 해결의 핵심은 주로 '피하거나 없애라.'이죠. 그렇지요? (내담자가 동의함.) 이 상담실에서의 '문제'는 제가 자꾸 당신에게 불편함을 느끼게 하는 주제들을 꺼낸다는 것이고, 당신의 마음이 제시하는 해결책은 '상담자에게 모욕적인 말을 해서 물러서게 하라. 더 이상 날 괴롭히지 않게.'인 것 같아요.

5단계: 행동의 효율성 고려하기

이 단계에서 우리는 내담자에게 자신의 행동을 효율성의 관점에서 돌아볼 것을 요청한다. 이것을 하는 방법은 다양하며, 제6장의 이탈과 참여(The Off-Track, On-Track) 기술도 포함된다. 그러나 대체로 이 단계와 관련된 개입들은 모두 2개의 범주로 묶여질 수 있다.

• 해당 상담 회기 주제의 관점에서의 효율성
• 한 팀이 되어 협조하는 관점에서의 효율성

해당 상담 회기 주제의 관점에서의 효율성

첫 번째 범주에 속하는 개입은 내담자가 자신의 행동이 해당 상담 회기의 주제를 다루는 데 있어서 어떤 역할을 하는지를 평가하도록 하는 것이다. 각 상담 회기의 주제는 내담자 특성과 상담에서의 진전도에 따라 다르다. 어떤 경우에는 금주하기 혹은 특정 중요한 타인과 더 나은 관계를 만들어 가기처럼 매우 구체적인 주제일 수도 있고, 건강 증진하기, 더 나은 삶 만들기, 성공하기 등 매우 모호한 주제일 수도 있다.

당연히 상담 초반이거나 상담 진행이 더딘 내담자일수록 상담의 주제는 더욱 모호하거나 일반적일 가능성이 크다. 예를 들어, "저에게 중요한 것은 아무것도 없어요."라고 하는 내담자를 위해서는 상담 회기의 주제를 '중요한 것 찾기'로 설정할 수 있다. 그 후 상담이 진행되면서 그 주제를 조금 더 구체화하여 삶의 특정 영역에 집중하기, 그 영역에서 내담자의 가치 찾기, 구체적인 목표 설정하기로 점차 넘어갈 수 있다. (이 시점에서 제6장으로 돌아가 상담 회기의 주제를 설정하는 방법에 대해 다시 읽어 보는 것도 좋다.) 다음은 구체적인 주제와 모호한 주제를 각각 다루는 두 가지 예시이다.

- "지금 제가 말씀드리는 것에 대해 생각해 보시겠어요? 저희가 앞으로도 지금처럼 당신은 여기에서 당신이 가지고 있는 걱정에 대해서 이야기하고 저는 그걸 듣고 있으면, 당신이 좋은 어머니가 되고 아이들과 더 나은 관계를 맺게 되는 것에 어떤 도움

이 될까요?"

- "솔직하게 답해 주시겠어요? 그 이야기를 저한테 다시 해 주는 것이 당신이 더 나은 삶을 만들어 나가는 데 도움이 되나요? 그 것이 삶에서 중요한 변화를 가져오거나, 힘든 생각과 감정들을 조금 더 효과적으로 다룰 수 있도록 새로운 기술을 배울 수 있게 하나요?"

여기서 가끔 죄책감, 수치심 혹은 쑥스러움과 융합되는 내담자가 있다. 그런 경우, ACT의 삼각형의 위쪽 꼭지로 돌아가서 내담자에게 현재 순간에 머물러 보도록 요청할 수 있다. 그런 후 내담자가 경험 하는 혹독한 자기평가(예: "너의 마음이 널 두들겨 패고 있구나!")가 있다 면 우리는 내담자가 그것으로부터 탈융합할 수 있도록 돕거나 자기 연민(제14장에서 논의된다)으로 넘어갈 수 있도록 할 수 있다.

한 팀이 되어 협조하는 관점에서의 효율성

또한 우리는 내담자가 자신의 행동이 치료 관계에 미치는 영향을 살펴보도록 할 수 있다. (비고: 대체로 '관계'보다는 '팀'이라는 용어를 사 용하는 것이 조금 더 안전하다. 많은 내담자는 관계라는 용어를 불편해할 수 있다.) 다음은 이에 대한 예시이다.

상담자: 저는 우리가 한 팀이 되어서 협조할 수 있으면 좋겠어요. 당신이 더 나은 삶을 살 수 있도록 함께 노력하는 따뜻하고 협조적인 팀이요.

어떠세요, 한 배에 타시겠어요? (내담자가 동의함). 좋습니다! 그럼 질문을 하나 할게요. 당신이… (내담자의 행동을 비판단적으로 묘사한다. 예: "큰 목소리로 말씀하실 때" "저에게 무능하다고 말씀하실 때" 혹은 "저에게 말할 기회를 주지 않을 때") 그게 팀에게 어떤 영향을 주는 것 같으세요?

많은 내담자는 이 시점에서 자신의 행동이 협조적인 팀을 만들어 나가는 데 도움이 되지 않는다는 것을 인지하고 인정할 것이다. 내담자가 인정한다면 상담자는 6단계로 넘어가서 효율적인 대안적 행동에 집중할지, 아니면 우회하여 그 문제 행동이 드러나는 다른 중요한 관계적 상황과 그 행동이 관계에 미치는 영향에 대해 논의를 한 후 6단계로 넘어갈지를 결정해야 한다.

여기서도 내담자가 만약 죄책감, 수치심 혹은 쑥스러움과 융합이 되는 것이 보인다면 상담자는 현재 순간에 머물러 있기, 탈융합 그리고 자기연민 기술로 넘어갈 수 있다. 물론 어떤 내담자들은 자신의 행동이 관계에 미치는 영향에 대해 알아채지 못하거나 인정하지 못할 수 있다. 그런 경우에 상담자는 다음과 유사하게 유도 심문을 할 수 있다.

상담자: 그게 우리 팀에게 어떤 영향을 주는 것 같나요?

내담자: (혼란스러워하며) 저는… 잘 모르겠어요.

상담자: 음, 당신이 저에게 "선생님은 돈 때문에 여기 앉아 계시는 거잖아요." "아무것도 모르시잖아요."라고 말하는 것이 저희가 더 나은, 강

한 팀이 되는 데 도움이 될까요?

만약 도움이 될 것 같다고 판단되면 상담자는 내담자의 행동에 대한 자신의 반응을 드러낼 수도 있다. 다음은 그에 대한 예시이다.

- "당신이 그렇게 주먹을 쥐고 소리를 지르면 저는 정말 불안해져요. 그게 당신이 원하는 것인가요?"
- "당신이 제게 말할 기회를 주지 않을 때면 저는 좌절감이 느껴져요. 당신이 의도적으로 그러는 것은 아니라고 생각하지만, 그럴 때면 당신이 저의 의사에는 관심이 없는 것 같다는 느낌이 들어요."
- "당신이 그 이야기를 반복해서 할 때면 저는 당신이 완전히 멀게 느껴져요. 마치 그 이야기 자체가 당신을 가리는 느낌이랄까요? 이야기 뒤에 있는 사람과는 전혀 연결되지 않는 느낌이에요."

내담자가 자신의 행동이 효율성이 없다는 것을 깨닫지 못하거나 인정하지 않을 때에는 대체로 내담자가 매우 융합되어 있거나 회피하는 것이 습관화되어 있을 가능성이 높으며, 그런 경우에 우리는 현재 순간에 머무르기, 탈융합 혹은 자기연민 활동으로 넘어갈 수 있다. 또 내담자가 조망 수용(perspective taking) 능력이 결여되어 있을 수 있다는 점도 추가적으로 고려해 볼 수 있다.

우리가 내담자에게 자신의 행동이 치료적 관계에 미치는 영향에 대해 살펴볼 것을 요청할 때에는 관점의 변화를 요구하는 것이다. 내담자는 자신의 행동을 상담자의 관점에서 봐야 하며 상담자에게 어떤 영향을 주고 있는지 생각해 봐야 하는데, 이는 조망 수용 능력이 없는 내담자에게는 매우 힘든 일이다. 만약 상담자가 내담자의 조망 수용 능력 수준이 문제라고 생각되면 상담자는 이에 대해 내담자에게 공감과 존중의 태도로 이야기할 수 있어야 하며, 그의 행동이 관계와 회기의 주제에 어떤 영향을 미치는지 알기 쉽게 설명할 수 있어야 한다.

또 상담자는 상담을 진행하면서 내담자가 조망 수용 능력을 개발할 수 있도록 도와야 한다는 점을 명심해 두어야 한다. 다른 사람의 관점을 취할 수 있는 능력은 공감, 연민, 마음 이론의 핵심이고, 그렇기 때문에 건강한 관계를 만들기 위한 필수 요소이다.

6단계: 효율적인 대안적 행동 강화하기

내담자의 비효율적인 행동을 중단시킨 후 우리는 그것을 대신할 만한 효율성이 높은 새로운 행동을 격려하고 강화해야 한다. 흔히 이 작업은 마음챙김 개입의 어떤 종류(탈융합, 수용, 현재 순간과 접촉하기 혹은 이들의 조합 등)를 포함한다.

예를 들어, 제6장에 나오는 이탈과 참여(The Off-Track, On-Track) 기술에서는 방해가 되는 전략들을 목록화하여 그것이 드러날 때마다 옆에 체크 표시를 한 후 원래의 상담 주제로 돌아가는 행동을 하였는데, 이것 또한 효율적인 대안 행동이다. 또 이 장의 초반에 설명된 상담자가 내담자에게 중단을 의미하는 신호에 대해 합의를 구하는 장

면에서는 상담자가 내담자에게 '5초 동안 이야기를 멈추고 마음이 하
는 일을 알아차리고 자신의 몸에서 느껴지는 것들을 알아차리기'라
는 새로운 행동을 제안하였다.

상담 회기 중 우리는 내담자에게 여러 대안 행동을 시도해 볼 것을
요청할 수 있다. 예를 들면, '닻 내리기' 기술 활용하기, 욕구에 즉각
적인 행동으로 반응하기보다 그저 알아차리고 허용하기, 가치와 연결
하여 이 작업의 중요성을 다시 기억하기, 자기독백(self-commentary)
을 통해 탈융합과 수용 촉진하기(예: "○○에 대한 욕구가 올라오네."
"분노구나." 혹은 "내 마음이 비난 모드로 들어가고 있네.") 등이 있을 수
있다.

상담 장면에서 내담자가 어떤 새로운 효율적인 행동을 보이면 그
것을 적극적으로 강화시키는 것이 우리의 매우 중요한 역할이다. 회
기가 진행될수록 내담자가 자신의 비효율적인 행동을 중단시키고 조
금 더 효율적인 행동을 한다면, 우리는 그것을 알아차리고 인정하며
그것에 대해 긍정적인 피드백을 주어야 한다. 다음은 그에 대한 예시
이다.

- "당신이 저한테 온전히 집중한다는 느낌을 받았어요. 저한테 매
  우 소중한 경험이었어요."
- "당신이 의도적으로 말하는 것을 잠시 멈추고 나에게 말할 기회
  를 주었다는 것을 알아요. 고마워요. 이제 우리가 더욱 한 팀이
  라는 느낌이 드네요."
- "제가 당신에게 당신이 무엇을 달리 할 수 있을지 물어보았을

때, 예전처럼 자동적으로 다른 사람들을 비난하지 않고 주제에
머물러 제 질문에 대한 답을 해 주었어요. 그런 당신의 행동이
우리의 상담 회기를 얼마나 더 생산적으로 만들고 있는지 보이
시나요?"

실험

- 이 장을 다시 한 번 훑어보면서 중간 중간에 나오는 축어록들을 내담자에게 말하듯이 소리 내어 읽어 보라.
- 그런 후, 거기에 제시된 개입들을 당신의 언어로 재구성해 보라. 당신의 개인적인 스타일을 반영하는 멘트들을 통해 내담자의 비효율적인 행동들을 공손하게 중단시키고, 비판단적으로 그 행동을 묘사하고, 행동의 의도를 명확하게 하며, 그 행동의 효율성을 평가하고, 새로운 대안 행동을 강화하라.
- 어떤 특정 행동 패턴을 보이며 당신의 상담 회기를 어렵게 만드는 내담자를 떠올려 보라. 내담자의 문제 행동은 말로만 ACT를 하는 것이 아니라 실제로 실천할 수 있게끔 하는 황금 기회라는 것을 다시 한 번 기억하라. 그런 후, 이 장에 나오는 방법들을 그 내담자에게 적용해 보는 것을 상상을 통해 예행 연습해 보라.
- 이 방법들을 충분히 예행 연습했다면 실제 상담 장면에서 시도해 보고 그 결과를 평가해 보라. 무엇이 잘 되었는가? 무엇이 잘 되지 않았는가? 다음에는 어떻게 달리 시도해 볼 수 있겠는가?

제9장

"그냥 없애 버리고 싶다고요!"

어떤 내담자들은 수용이라는 주제에 제법 열려 있는 편이다. 하지만 이 주제를 꺼리는 내담자들도 있고, 경험 회피 수준이 매우 높은 내담자들은 적극적으로 저항하기도 한다. 따라서 이 장에서는, 특히 수용에 저항하는 내담자들을 중심으로 수용 개입 시 흔히 발견되는 걸림돌들을 다루고자 한다.

수용으로 향하는 길 열기

먼저 처음부터 수용에 대한 저항을 방지하거나 약화시킬 수 있는 세 가지 접근을 다루려고 한다. 신중하게 어휘 선택하기, 수용에 대해 효과적으로 설명하기, 수용으로 들어가기 전에 현재 순간에 머무르기와 탈융합 개입을 활용하기가 그 세 가지 접근이다.

신중하게 어휘 선택하기

첫 번째로, 신중한 어휘 선택을 통해 수용에 대한 저항을 줄일 수 있다. 상담 초반에는 내담자에게 '수용'이라는 단어를 쓰지 않을 것을 권장한다. 많은 내담자는 수용이라는 단어를 힘들고 고통스러운 경험들을 참고 견뎌 내거나, 포기하거나, 좋아하거나, 원하거나, 용인하는 것을 뜻한다고 오해하는 경향이 있다. 그렇기 때문에 '수용'보다는 '공간 허용하기' '공간 만들기' '확대' '개방하기' '생명력 불어넣기' '투쟁 내려놓기' '끌어안고 있기' '느슨하게 쥐고 있기' '자유롭게 흘러가게 내버려 두기' '투쟁하지 않고 휩쓸려 가지 않은 채로 와서 머무르다가 때가 되면 다시 떠나도록 허용하기' 등의 표현을 사용해 보아라.

수용에 대해 효과적으로 설명하기

두 번째로, 우리는 수용이라는 것이 의미하는 바를 부적절하게 설명함으로써 의도치 않게 내담자의 저항을 불러일으킬 수 있다. 나는 종이 밀어내기(Pushing Paper) 활동과 같은 신체적 비유를 통해 수용의 의미를 전달하는 것이 가장 단순하고 신속한 방법이라고 생각한다. [비고: 『쉬운 수용전념치료(ACT Made Simple)』에 소개된 '클립보드 밀어내기' 활동을 업데이트한 버전이다.]

상담자: 여기서 간단한 활동 하나를 해 봐도 될까요? (내담자에게 종이 한

장을 건네며) 이 종이 한 장이 당신이 없애고 싶은 모든 고통스러운 생각과 감정이라고 합시다. 이 종이를 두 손으로 꼭 쥐고 당신으로부터 가장 멀리 떨어질 수 있도록 밀어내어 보세요. (내담자는 두 손으로 종이를 붙든 채 팔을 한껏 뻗어서 종이를 밀어낸다.) 좋습니다. 조금 더 멀리 밀어낼 수 있는지 보세요. 팔꿈치를 펴고, 어깨가 빠질 정도로 팔을 쭉 뻗어 보세요. 종이가 당신으로부터 최대한 멀어질 수 있도록… 네, 좋아요! 당신이 지금 하고 있는 것은 우리 문화가 우리에게 가르쳐 준 방법이에요. 불쾌한 감정들은 우리로부터 가장 멀리 떨어뜨려 놓고 계속해서 거리를 두는 것이죠. 하지만 이걸 해 보면서 세 가지를 느껴 보셨으면 합니다. 첫째는, 이런 노력이 얼마나 피곤한지 느껴 보세요. 피곤하지 않으신가요? (내담자가 고개를 끄덕인다.) 걱정 마세요. 너무 오랫동안 하시도록 두진 않을게요. 둘째로는, 이 노력이 얼마나 주의 집중을 방해하는지 보세요. 이걸 하면서 영화를 보거나, 책을 읽거나, 식사를 하거나, 다른 누군가와 대화를 나눈다고 생각해 보세요. 그 일들에 온전히 참여하고 즐기는 것이 얼마나 힘들겠어요? 세 번째로, 제대로 생활하는 데 필요한 것들을 할 수 없게 만드는 것을 보세요. 이걸 하면서 요리를 하거나, 운전을 하거나, 컴퓨터로 문서 작업을 하거나, 사랑하는 누군가를 안아 주는 것을 상상해 보세요. 얼마나 어렵겠어요? 자, 이제는 그 종이를 무릎에 내려놓으세요. (내담자가 종이를 무릎에 내려놓는다.) 차이점을 보세요. 구체적으로는 이 세 가지를 보셨으면 해요. 첫째, 얼마나 힘이 덜 들어가는지 또 덜 피곤한지? 둘째, 얼마나 덜 산만한지 또 영화를 보면서 대화에 참여하는 일을 하는 것이 더 쉬워지는지? 셋째, 당신의 삶을 위해 필요한 일들을 하는 게 얼마나 더 쉬워질지? 팔을 자유롭게 움직여 느껴 보세요. 이제는 요리를 하고, 컴퓨터로 문서 작업을 하고, 누군가를 안아 주는게 훨씬 쉽겠지요? 또 (내담자의 무릎 위에 놓인 종이를 가리키며) 그 감정들이 사라지지 않은 것을 보세요. 그것들은 아직 당신과 함께 있지만 당신은 예전과 달리 반응하고 있어요. 결과적으로 그것들은 당신에게 영향을 덜 미치고 있네요. 이제 당신은 생활을 위해 필요한 일들을 자유롭게 해내고, 하는 일에 온전히 참여하여 최대한 많은 것을 얻을 수 있게 됩니다. 어떻게 이렇게 할 수 있는지 배워 보시겠어요?

내담자: 그런데 이렇게 해 버리면 되지 않나요? (종이를 집어 올리더니 바닥에 던진다.)

상담자: 글쎄요, 당신은 이미 그런 시도를 수도 없이 해 봤을 거예요. 그냥 없애 버리려고 하는 노력은 마약, 술, 음식, TV, 컴퓨터, 휴가, 쇼핑, 독서, 음악 감상, 운동 등을 통해 해 보셨을 거예요. 그런데 그렇게 하고 나면 사실 그 감정들이 일시적으로 없어지기는 하지만 곧 다시 돌아오지 않던가요? 그러니까 이렇게 하는 것은 (종이를 던져 버리는 행동을 똑같이 하기) 사실 이렇게 하는 것이랑 똑같아요(새 종이 하나를 꺼낸 후 두 팔을 뻗어 종이를 밀어낸다). 자, 이렇게 하는 건(종이를 무릎 위에 내려놓는다) 어떻게 하는 건지 알고 싶으세요?

물론 이외에도 수용이라는 개념을 소개하기 위한 다양한 비유가 있다. 하지만 신체적 비유는 언어적 비유보다 훨씬 더 강렬한 영향을 미친다.

수용으로 들어가기 전에 현재 순간에 머무르기와 탈융합 개입을 활용하기

세 번째로, 만약 내담자의 경험 회피 수준이 높다고 판단되면 수용으로 넘어가기 전에 현재 순간에 머무르기와 탈융합 개입으로 시작하는 것이 좋다. 이렇게 하면 내담자가 어떤 감정에 압도되는 경우, 현재 순간에 머무를 수 있도록 할 수 있다(제3장에 나온 닻 내리기 기법 참조). 그리고 만약 내담자가 '이건 너무 어려워. 난 할 수 없어. 그래서 정말 싫어'와 같은 생각과 융합된다면 우리는 탈융합을 할 수 있도록 도울 수 있다.

수용 작업에서 흔히 발견되는 걸림돌

수용 작업에서 다음 여섯 가지 걸림돌들이 흔히 발견된다.

① 상담자로부터 오는 타당화 부족
② 가치로부터 떨어져 있는 상태
③ 회피가 주는 큰 보상
④ '그래서 정말 싫어!'라는 생각과의 융합

⑤ '압도적인' 감정들
⑥ 가짜 수용

걸림돌 1: 상담자로부터 오는 타당화 부족

우리가 내담자의 경험을 공감해 주고, 고통을 타당화해 주고, 그 고통을 없애 버리고 싶은 마음이 정상이라는 것을 전달하지 않은 채 수용으로 바로 넘어가게 되면 내담자는 상담자가 자신을 위하고 이해하는 마음이 없고 자신의 고통을 진지하게 받아들여 주지 않는다고 생각하게 될 가능성이 높다. 그렇기 때문에 내담자가 "하지만 전 이 느낌이 정말 싫어요! 빨리 없애 버리고 싶어요."라고 이야기한다면 내담자의 반응을 다음 예시에서처럼 먼저 타당화해 주어야 한다.

상담자: 당연히 싫지요. 누가 안 그러겠어요? 너무나도 고통스럽잖아요!

우리는 꾸준히 내담자와 공감하고, 고통을 인정해 주고, 그 고통을 없애고 싶은 마음을 정상이라고 이야기해 주는 것을 계속해서 반복해야 할 수도 있다.

걸림돌 2: 가치로부터 떨어져 있는 상태

ACT에서는 고통을 수용하는 것이 내담자의 삶의 질을 높여 주고 의미 있는 목표들을 추구하도록 하는 데 도움이 되지 않는다면 내담

자에게 고통을 받아들이라고 하지 않을 것이다. 그렇기 때문에 내담
자가 수용에 대해 저항을 보인다면 우리가 수용을 내담자의 가치나
가치에 기반한 목표와 명확하게 연결시켜 주었는지 점검해 보아야
한다.

ACT의 삼각형을 다시 떠올려 보아라. 만약 내담자가 수용(왼쪽 꼭
지인 '마음 열기'의 한 요소)에서 걸려 있다면 우리는 가치(오른쪽 꼭지
인 '중요한 것 하기'의 한 요소)로 넘어갈 수 있다. 우리는 과녁 활동지
나 다른 가치 개입 도구들을 꺼내어 내담자가 자신의 가치와 접촉할
수 있도록 할 수 있다.

그런 후, "만약 과녁의 중심으로 조금 더 가까이 갈 수만 있다면
이런 고통스러운 생각과 감정들을 위한 공간을 만들 의향이 있으신
가요?" 혹은 "만약 당신이 원하는 모습의 엄마가 될 수만 있다면 지
금 그 불안을 위한 공간을 만들 의향이 있으신가요?"라고 물어볼 수
있다.

이 방법은 많은 내담자에게 효과적이다. 하지만 경험 회피 수준이
매우 높은 내담자라면 실패할 가능성도 있다. 그런 경우, 다음 부분
에서 설명되는 창조적 무망감 개입들을 활용할 수 있다.

걸림돌 3: 회피가 주는 큰 보상

경험 회피 수준이 높은 사람에게는 고통의 경감을 잠시라도 제공
해 주는 행동이 상당히 보상적이다. 그렇기 때문에 이들은 회피 전략
을 내려놓기를 매우 주저한다. 이런 내담자를 위해서는 창조적 무망

감을 동원해야 한다.

창조적 무망감 개입은 내담자가 자신의 회피 전략에 대해 절망감을 느낄 수 있도록 한다. 이 개입의 목표는 내담자가 수용이라는 대안 전략에 조금 더 열린 태도를 보일 수 있도록 하는 것이다. 창조적 무망감 개입을 하는 방법은 매우 다양하며, 개입에 투자하는 시간도 몇 분에서부터 회기 전체까지 각기 다르다. 1회 개입으로 잠깐 사용할 수도 있고, 회기마다 폭넓게 사용할 수도 있다. 이러한 다양성에도 불구하고 모든 창조적 무망감 개입은 다음 세 가지 질문을 중심으로 다룬다.

- "고통을 없애 보려는 시도를 해 보셨나요?"
- "장기적인 효과가 있었나요?"
- "이런 전략을 과도하게 사용했을 때 어떤 손실이 있었나요?"

ACT 책(예: 『쉬운 수용-전념치료(ACT Made Simple)』, p. 83)을 보면 창조적 무망감 개입의 좋은 예시들을 찾을 수 있기 때문에 여기서는 어떤 특정 개입을 소개하지는 않겠다. 그 대신 어떠한 창조적 무망감 기법이라도 조금 더 효과적으로 활용할 수 있도록 몇 가지 조언을 제공하려고 한다.

조언 1: 내담자에게 힌트를 주라

대부분의 내담자는 자신이 사용하고 있는 회피 전략들을 쉽게 기억해 내지 못하기 때문에 우리는 내담자에게 힌트를 주어야 할 때가 종종 있다. 예를 들어, "○○○를 시도해 보셨나요?"라고 물어본다. DOTS라는 두문자어(acronym)는 가장 흔히 사용되는 회피 전략들을 쉽게 기억할 수 있도록 한다.

D = Distraction(주의 돌리기): "당신이 고통스러운 감정으로부터 주의를 돌리기 위해 사용하는 방법들은 무엇이 있나요?"

O = Opting out(빠져나오기): "당신은 어떤 사람, 장소, 상황, 활동으로부터 빠져나오려고(멀리하려고, 포기하려고, 피하려고) 하나요?"

T = Thinking(생각하기): "고통으로부터 벗어나기 위해 어떤 종류의 생각을 하시나요?"[예: 걱정하기, 상상하기, 비난하기, '분석 마비', 긍정적 진술(positive affirmation), 생각에 이의 제기하기(challenging thoughts), 남 탓하기, 자기비난, 환상을 갖기 등]

S = Substances, Self-harm, and all other Strategies(약물, 자해, 그리고 다른 모든 전략들)

(비고: 『쉬운 수용전념치료(ACT Made Simple)』, p.84에 제시된 Join the DOTS 활동지 참조)

조언 2: 보상 명확히 인정하기

우리는 회피가 가져다주는 보상을 명확하게 인정해야 한다. 우리는 내담자에게 "그래요, 이런 전략들이 당신의 고통을 줄여주고 없애는 데 도움이 될 거예요. 잠시 동안은요."라고 말할 수 있다. 또 "이런 전략들이 장기적으로 당신의 삶에 도움이 된다면 계속하는 게 좋겠지요!"라고 덧붙일 수 있다. 이것은 매우 중요한 메시지이다. 우리는 마음챙김 신봉자들이 아니다. 사람들이 모든 회피 전략을 버려야 한다고 주장하는 것이 아니다. 대부분의 회피 전략은 적당히, 융통성 있게, 적절하게 사용되면 문제가 되지 않는다. 회피 전략은 너무 과도하게, 융통성 없이, 부적절하게 사용될 때 효율성이 없어진다.

조언 3: 고통은 언제나 다시 돌아온다는 것을 상기시키기

회피의 보상(단기적으로 고통스러운 생각과 감정들을 없앨 수 있다는 점)을 인정하는 동시에 우리는 내담자에게 장기적으로 고통이 다시 돌아온다는 점을 깨닫도록 해야 한다. 예를 들어, "당신은 단기적으로 불편한 감정들을 없애는 방법들을 많이 알고 있군요. 하지만 그것들이 아주 없어져서 다시는 찾아오지 않을까요?"라고 말할 수 있다.

내담자는 당연히 이 질문에 "아니요."라고 대답할 것이다. 그렇지만 만약에 "네."라고 대답하는 내담자가 있다면 "그래요? 그렇다면 저는 조금 혼란스러워지네요. 당신이 고통스러운 생각과 감정을 영원히 없애는 방법을 찾았다면 여기에 왜 와 계시는지 모르겠네요. 그냥 돌아가서 하시던 대로 계속하면 되지 않으세요?"라고 말할 수 있다.

조언 4: 손실에 대해 물어보되 잔소리는 하지 말기

내담자가 자신의 회피 행동의 손실에 대해 솔직하고 진지하게 돌아보도록 하는 것은 중요하지만 그것에 대해 잔소리를 늘어놓는 것은 좋지 않다. 우리가 바라는 것은 내담자가 자신의 행동이 보상적인 측면도 있기는 하지만 상당한 손실 또한 가져온다는 것을 스스로 아는 것이다. 예를 들어, 우리는 "이 전략들 중에 단기적으로는 도움이 되는 듯하지만 장기적으로는 당신의 삶을 더욱 악화시키거나 난관에 빠트리는 것들이 몇 개나 되나요? 하나도 없나요? 아니면 몇 가지만 그런가요, 모두 그런가요?"라고 질문할 수 있다.

여기서 우리가 예상하는 답은 "거의 모두요."이다. 내담자가 "하나도 없어요." "몇 가지 있어요." "몇 개 없어요."라고 대답한다면 우리는 "음, 조금 헷갈리네요. 당신이 고통스러운 생각이나 감정을 없애는 전략들을 이렇게 많이 가지고 있고, 그것들이 장기적으로 당신의 삶을 더욱 악화시키거나 난관에 빠트리지 않는다면 저는 당신이 왜 여기에 와 있는지 잘 모르겠어요. 그냥 돌아가서 하시던 대로 계속하면 되지 않으세요?"라고 말할 수 있다.

내담자가 "거의 모두요."라고 대답했다고 가정한다면 우리는 "이런 방법에 과하게 의존했을 경우, 어떤 손실이 있었나요? 건강, 돈, 허비된 시간, 관계, 놓친 기회, 늘어난 정서적 고통 측면에서요."라고 질문할 수 있다.

또한 우리는 회피 전략이 가져오는 손실이 가치 있는 삶에 미치는 영향을 분명하게 하는 질문을 던질 수도 있다. "이런 행동들이 대체로 당신이 원하는 모습의 삶을 만들어 가도록 도와주나요(바라는 모습의 사람이 될 수 있게 하나요? 하고 싶은 것들을 해낼 수 있게 하나요)?" 혹은 "당신이 이런 전략을 사용했을 때 대체로 과녁의 중심에 더 가까워지게 되나요, 멀어지게 되나요?"라고 물어볼 수 있다. 또 과녁의 4가지 영역을 차례대로 가리키면서 각각에 대해 "그런 전략들이 이 영역에서 어떤 손실을 가져왔나요?"라고 물어볼 수 있다.

　마지막으로 당부할 것은, 우리는 이 모든 것을 공감적이고 비판단적인 방식으로, 진심으로 열린 마음과 호기심이 느껴지는 태도로 해야 한다는 점이다. 우리가 옳고 가장 잘 안다는 태도로 내담자를 대한다면 이 개입은 역효과를 낳을 것이다.

조언 5: 호기심 유발하기

　어떤 창조적 무망감 개입을 하더라도 마지막 부분에서 내담자가 대안 전략에 대해 호기심이 생길 수 있도록 하는 것이 중요하다. 이것을 할 수 있는 한 예시는 다음과 같다.

상담자: 그래요, 당신은 매우 고통스러운 감정을 느끼고 있고, 당연히 그것들을 없애려는 노력을 열심히 해 오셨어요. 대부분 단기적으로는 효과가 있었고요. 하지만 장기적으로 보았을 때 그 고통스러운 감정들은 계속 돌아오고 있어요. 게다가 불행하게도 당신이 그 감정들을 없애려고 사용했던 전략들은 상당한 손실을 가져왔네요. 결국 당신의 삶을 개선해 준 것이 아니라 악화시킨 것 같아요. 그래서

이 시점에서 제가 궁금한 것은 혹시 당신이 지금까지 해 왔던 것과는 완전히 다른 시도를 해 볼 마음이 있으신가요? 그 힘든 감정들이 느껴질 때 다른 방식으로 반응해 보시겠어요?

이상적으로 이 시점에서는 지금까지의 작업들을 통해 내담자가 회피 전략을 내려놓고 대안 전략에 대해 호기심을 갖게 되었을 것이다. 그런 경우, 이제 가볍고 간략한 개입을 통해 수용을 소개할 수 있다. (비고: 매우 간략한 개입의 예시는 『쉬운 수용전념치료(ACT Made Simple)』, pp. 140-143에 나와 있는 다양한 10분 수용 기법들을 참고하기 바란다.) 그 후 시간이 지날수록 내담자의 마음챙김 기술이 발전되면 더욱 길고 도전적인 활동들로 넘어갈 수 있다.

걸림돌 4: '그래서 정말 싫어!'라는 생각과의 융합

우리가 창조적 무망감에 개입을 잘하든 못하든 어떤 내담자들은 계속해서 "그래서 그런 감정들이 정말 싫다고요. 빨리 없애고 싶어요."라고 말할 것이다. 많은 상담자가 이 시점에서 난관에 빠진다. 이런 경우, (늘 그렇듯이 공감적, 비판단적으로 공손하게) 우리가 할 수 있는 반응들이 어떤 것이 있는지 살펴보자.

고통을 타당화하고 창조적 무망감 반복하기

내담자가 계속해서 "그래서 그런 감정들이 정말 싫다고요. 빨리 없

애고 싶어요."라고 말한다면 조금 더 타당화를 해 준 후 다시 창조적
무망감으로 돌아가라. "당연히 그러실 거예요. 정말 고통스럽고 불
쾌하잖아요. 누군들 좋겠어요. 당신은 그 감정들을 없애려고 정말 많
이 애썼어요. 그렇지만 불행하게도 그 시도들은 당신의 삶을 더 악화
시키기만 한 것 같아요. 조금 다른 시도를 해 보실 의향이 있으신가
요?"라고 말할 수 있다.

가치로 넘어가기

ACT의 삼각형을 떠올려 '마음 열기'에서 걸려 있다면 '중요한 것
하기'로 넘어갈 수 있다는 것을 기억하라. "만약 제가 마술봉으로 당
신의 고통스러운 생각과 감정을 모두 없애 버려서 그것들이 당신에
게 어떠한 영향도 주지 못하게 한다면 당신은 이제 어떤 것을 달리할
수 있을까요? 무엇을 시작하고, 무엇을 멈추겠어요? 무엇을 더 많이
해 보고, 무엇을 더 적게 해 보고 싶으세요?"

연구 결과 알려 주기

어떤 내담자들은 과학적 증명을 제시하면 설득이 되는 경우가 있
다. "많은 연구에서는 이러이러한 접근을 취할 때 증상이 줄어든다
는 식의 결과를 보고하고 있지요. 그런 연구들을 보면 감정과 직접적
으로 맞서 투쟁하거나 없애려고 하는 것은 효과가 없다고 나와요. 오
히려 그런 감정들과의 투쟁을 멈출 때 부수적인 효과로 증상이 감소

된다고 보고되고 있어요. 어떻게 그렇게 할 수 있는지 배워 보시겠어
요?"(비고: 이 전략을 취할 때에는 조금 후에 설명할 '가짜 수용'에 빠지지
않도록 주의를 기울여야 한다.)

상담자의 무력감 선포하기

또 다른 방법은 우리 또한 내담자처럼 고통스러운 생각과 감정을
경험할 때가 있으며, 그럼에도 그것들을 없애는 방법을 찾지 못한 것
을 설명하는 것이다. "죄송한데 당신이 물어보는 것을 저도 어떻게
해야 하는지 몰라요. 저도 당신과 비슷한 생각과 느낌을 경험할 때가
있어요. 제가 아는 모든 사람이 그런 걸요. 그렇지만 그것들을 영원
히 없애는 방법은 아직 찾지 못했어요. 그 대신 그것들이 올라올 때
다른 방식으로 반응하면 덜 영향을 받는다는 것은 알아요. 배워 보시
겠어요?

냉엄한 현실 보여 주기

상담자가 느끼는 무력감에 대해 선포하는 것과 비슷하게, 우리는
회피 전략의 비효과성을 강조할 수 있다. "그 어떤 훌륭한 상담자나
의사라도 당신이 원치 않는 생각과 감정들을 모두 없애는 치료를 제
공할 수 없어요. 모든 치료법과 약들은 똑같은 제한점을 가지고 있어
요. 그것들은 모두 힘든 생각과 감정들을 다루는 새로운 방법을 찾을
수 있게 도와주지만 그것들을 영구적으로 없애 주지는 않아요. 저도

마찬가지로 불가능한 것을 해낼 수 없답니다. 하지만 그 고통스러운 생각과 감정들을 다룰 수 있는 새로운 방법을 찾을 수 있도록 도와줄 수 있어요. 결과적으로 그런 생각과 감정들이 당신에게 영향을 덜 줄 수 있게 말이죠. 어떤 방법이 있는지 배워 보시겠어요?"

통제 착각 직면하기

내담자가 사실상 얼마나 적은 통제력을 갖고 있는지 깨닫게 해 주는 것은 효과적인 경우가 많다. 그렇게 하기 위해서는 통제 착각을 겨냥하는 여러 고전적인 ACT 활동들을 사용할 수 있다(『쉬운 수용전념치료(ACT Made Simple)』, p. 94 혹은 다른 ACT 책 참고).

탈융합으로 넘어가기

ACT의 삼각형을 떠올리면서 내담자가 수용에서 어려움을 겪고 있다면 우리는 탈융합으로 넘어가 융통성을 촉진할 수 있다. "당신의 마음은 '이것들을 전부 없애 버려야 해. 다른 방법은 없어.'라고 이야기하고 있네요. 전 그렇게 하는 방법은 몰라요. 그것을 아는 사람을 만나 본 적도 없어요. 하지만 다른 방법은 있어요. 지금껏 당신이 해 온 것과 완전히 다른 거예요. 여기서 당신은 선택할 수 있습니다. 당신의 마음이 '이것들을 전부 없애 버려야 해. 다른 방법은 없어.'라고 이야기하기 때문에 그냥 여기서 포기할 수도 있고, 아니면 당신의 마음이 그렇게 이야기하게 내버려 두고 계속 진행해 볼 수도 있어요."

이탈과 참여 기술 사용하기

이전에 이탈과 참여(The Off-Track, On-Track) 기술을 내담자에게 소개했다면 여기에서 적용시킬 수 있다. "이것도 당신의 마음이 우리를 궤도에서 이탈하도록 만드는 한 전략인 것 같아요. 어떻게 생각하세요? 이것도 그 목록에 포함시키는 건 어때요?"

물론 앞서 이 기술을 소개한 적이 없다면 이 시점에서 소개한 후 바로 적용할 수 있다.

제3의 길 제시하기

또 다른 접근은 앞서 소개된 종이 밀어내기(Pushing Paper) 활동에 이은 다른 경험적 비유를 제시하는 것이다.

상담자: 제가 틀릴 수도 있으니 들어 보시고 당신의 의견도 이야기해 주세요. 제가 보기에 당신은 힘든 생각과 감정이 올라오면 딱 두 가지 방법 중 하나로 반응하는 것 같아요. (종이 한 장을 들어 올리며) 이 종이가 당신의 모든 감정과 생각을 나타낸다고 해 봅시다. 당신이 취하는 반응 중 하나는 이렇게 하는 거예요. (종이를 자신의 얼굴에 가까이 가져와 코끝에 닿게 둔다.) 이렇게 되면 당신은 생각과 감정에 휩쓸리게 되지요. 그 생각과 감정이 당신을 지배하고, 통제하고, 압도합니다. 또 다른 반응은 이거예요. (종이 밀어내기 활동에서처럼 종이를 밀어낸다. 이 비유를 앞서 소개하지 않았다면 여기에서

먼저 소개를 한 후 진행한다.) 당신이 이렇게 두 가지로 반응하는 방법밖에 모른다면 이런 생각과 감정들은 항상 당신의 삶을 통제하려고 하는 끔찍하고 압도적인 것들로 느껴질 거예요. 혹시 그 두 가지 방법과는 전혀 다른 제3의 반응 방법을 배워 보실래요?

내담자: 그런데 선생님이 잘 이해를 못 하시는 것 같아요. 전 불안장애를 가지고 있다고요! 이 불안을 없애야만 해요.

상담자: 당신이 지금처럼 딱 두 가지 방식으로 반응하는 것밖에 모르신다면 당신은 항상 불안장애가 있을 거예요. 불안장애를 가져오는 것은 불안 그 자체가 아니라 불안에 대한 비효과적인 반응이에요. 불안을 완전히 영구적으로 없애는 방법은 없어요. 누구든 때때로 불안을 경험하지요. 하지만 당신이 지금처럼 딱 두 가지 방식으로만 반응한다면 불안은 항상 압도적이고, 끔찍할 것이고, 당신의 삶에 큰 영향을 미칠 거예요. 그럼 이제 그 두 가지 방법과는 전혀 다른 제3의 반응 방법을 배워 보실래요?

조금 더 긴 창조적 무망감 개입 활용하기

가끔 너무 짧거나 인지적인 수준에 머물러 있어서 창조적 무망감 개입이 효과가 없을 때가 있다. 그런 경우에는 과녁 활동지를 활용하여 조금 더 길고 광범위하게, 정서적으로도 자극이 되는 창조적 무망감 개입을 진행할 수 있다.

상담자: 이 감정들을 피하거나 없애려고 애쓰면서 사는 게 어떤 손실을 가져

다주는지 다시 한 번 살펴봐도 될까요? 지난번에 잠시 이야기했었지만 그런 애쓰는 행동이 당신의 생활을 얼마나 더 힘들게 만들고 있는지 아직 잘 와닿지 않으신 것 같아요. 몇 분 동안 이게 당신에게 어떤 손실을 가져다주는지 살펴봅시다.

내담자가 동의하였다면 상담자는 과녁 활동지를 활용하여 회피의 작고 큰 부정적인 결과들을 모두 탐색한다. 과녁의 네 가지 영역을 하나씩 살펴볼 때 내담자가 경험하는 고통스러운 생각과 감정들을 알아차리고 인정할 수 있도록 돕는다.

걸림돌 5: '압도적인' 감정들

내담자가 강렬한 감정과 투쟁하는 모습이 명확하게 보이거나 자신의 감정들이 압도적이라고 호소한다면 상담자가 가장 먼저 해야 할 것은 지금 그 자리에서 현재 순간에 머무를 수 있도록 돕는 것이다. 예를 들어, 닻 내리기 기법(제3장 참조)이나 현재 순간에 머무르기·현재에 초점 맞추기 기술을 활용할 수 있다.

우리는 이것을 상담 회기 중에 틈틈이 할 수 있고, 또 다음 회기까지 혼자 이 기법들을 연습할 것을 요청할 수 있다. 내담자가 이런 기술들을 습득하는 과정에서 우리는 '현재에 있기'와 '마음 열기' 사이에서 왔다 갔다 하면서 간결하고 조심스럽게 수용으로 들어가는 시도를 해 볼 수 있다.

걸림돌 6: 가짜 수용

가짜 수용이란 수용인 척하는 경험 회피 행동을 뜻한다. 가끔은 상담자가 (제1장에서 논의된) 엇갈리는 메시지를 전달하여서 내담자가 가짜 수용을 하는 경우가 있다. 또 다른 경우에는 단순하게 내담자가 수용을 이해하지 못해서 가짜 수용이 나타날 수 있다.

우리는 주로 내담자가 수용 기법을 배운 후에 효과가 없다고 불평할 때 가짜 수용을 감지한다. 우리가 "효과가 없다는 게 무슨 말씀이세요?"라고 질문했을 때 내담자가 "제 불안이 없어지지 않았어요."라고 대답한다면 그가 가짜 수용을 하고 있다는 것을 알아차릴 수 있다. 그가 여전히 정말 관심 있는 것은 감정을 수용하는 것이 아니라 감정을 없애는 것이다. 이런 경우에 우리는 다시 종이 밀어내기 활동이나 그와 유사한 활동을 통해 진정한 수용의 목적을 강조해야 한다.

우리는 수용을 할 때 종종 고통스러운 감정들이 감소하거나 없어지기도 하지만 그것은 수용의 부수적인 결과이지 주된 목적이 아니라는 것을 따뜻한 태도로 짚고 넘어가야 한다. "수용을 했더니 고통스러운 감정이 사라지는 것 같다면 그 경험을 만끽하세요. 아마도 종종 그런 경험을 하시게 될 거예요. 하지만 꼭 그런 결과가 있을 거라는 기대는 버리세요. 그러면 실망하기 쉽습니다. 수용을 하는 이유는 감정을 없애기 위한 것이 아니지요. 그 감정들과 투쟁하는 것으로부터 당신을 자유롭게 하기 위함입니다. 투쟁하는 것을 멈출 때 비로소 당신은 당신에게 정말 중요한 것들을 하는 데 에너지를 쏟을 수 있어요. 그리고 당신이 하고 있는 것들에 온전히 참여할 수 있게 됩니다.

그것이 바로 성공, 웰빙, 행복의 비결이고요."

실험

- 이 장에 나오는 상담자 축어록과 제안된 기법들을 모두 소리 내어 읽어 보면서 당신의 개인적인 스타일에 맞게 언어를 수정하라.
- 지금 만나는 내담자 중 수용에 저항을 보이는 사람들을 떠올려 보고 이 장에 나온 전략 중 어떤 것이 각 내담자에게 가장 도움이 될지 살펴본 후, 다음 상담 회기에서 시도해 보라.

제10장
끈질긴 생각 다루기

탈융합을 시도해도 의도치 않게 내담자를 계속 융합의 수렁에 빠져 있게 두게 되는 경우가 있다. 상담자가 탈융합 개입 시 흔히 마주하게 되는 4가지 걸림돌은 주지화하기, 내담자를 타당화해 주지 않기, 융통성 없이 기법 사용하기, 가짜 탈융합 격려하기이다. 각각 자세히 살펴보자.

주지화하기

ACT에서는 장황한 설명이나 전문적인 설명보다 비유나 경험적인 활동을 통해 새로운 개념을 소개하는 것을 선호한다. 우리가 내담자에게 탈융합이 무엇인지, 어떤 것을 내포하고 있는지, 어떻게 하는지 등에 대해 말로 설명하면 할수록 지적·분석적 태도를 촉진하는 위험에 빠지게 된다. 따라서 탈융합이라는 개념을 간략하게 소개할 수 있는 간단한 비유나 활동을 찾는 것이 좋다. 내가 가장 좋아하는 접근은 손을 생각이라고 상상해 보는 비유이다.

상담자: 이 활동에서는 당신의 손이 당신의 생각이라고 상상해 봅니다. 자, 두 손을 손바닥이 위로 향하게 한 후 새끼손가락이 서로 닿게 펼쳐진 책처럼 모아 보세요. 그런 상태로 두 손을 무릎 위에 올려놓으세요. (상담자가 직접 보여 주고 내담자가 따라 한다.) 자, 이 활동을 하는 지금 당신은 생각에 사로잡혀 있지 않아요. 당신은 지금 이 방을 둘러볼 수 있고, 모든 풍경을 담아 보며 저에게 온전히 집중할 수 있어요. 자, 이제는 당신의 손을 천천히 얼굴로 가져와서 눈을 가리도록 해 보세요. (상담자가 직접 보여 주고 내담자가 따라 한다.) 지금 당신은 당신의 생각에 휩쓸려 있어요. ACT에서는 이런 상태를 융합이라고 불러요. 당신이 생각과 융합되어 있다고 말하지요. 여기서 세 가지를 알아차렸으면 좋겠어요. 먼저 얼마나 당신이 놓치고 있는지를요. 지금 당신에게 보이는 방은 어떤가요? 제 얼굴은 보이시나요? 당신은 많은 것들을 놓치고 있습니다. 둘째는 지금 당신이 얼마나 동떨어진 상태로 다른 행동에 집중하지 못하고 있는지를 보세요. 그 상태로 영화를 보거나, 운동을 하거나, 식사를 하거나, 책을 보거나, 사랑하는 사람과 이야기를 한다고 상상해 보세요. 그 활동에 참여하고 집중하는 게 얼마나 힘들지 상상이 되시지요? 세 번째로는 이게 당신을 얼마나 제한하는지 보세요. 생활 속에서 효과적인 행동을 취하는 것을 매우 어렵게 만듭니다. 이런 상

태에서 운전을 하고, 요리를 하고, 컴퓨터로 문서 작업을 하고, 헬스장에 가고, 아기를 돌보는 일을 할 수 없지요. (이 과정 내내 상담자와 내담자 모두 두 손으로 눈을 가리고 있다.) 자, 이제는 아주 천천히 당신과 당신 생각 사이에 공간을 늘려 가 보세요. (상담자가 천천히 손을 내리면 내담자도 따라 한다.) 눈에 들어오는 풍경의 변화를 보세요. 당신의 생각으로부터 분리되어 당신 주변 세상으로 주의를 돌릴 때 당신의 경험이 얼마나 더 풍성하고 충만한지에 주목해 보세요. (상담자가 손을 무릎 위에 얹어 놓으면 내담자도 따라 한다.) 우리는 이것을 탈융합이라고 합니다. 이제 당신 생각으로부터 '탈융합'되면서 놓치고 있는 것들이 줄어들고, 세상과 덜 분리되고, 주의를 집중할 수 있다는 것이 느껴지시나요? 이제야 여기 현재 순간에 온전히 있네요. 당신이 하고 있는 것(책을 읽고, 영화를 보고, 사랑하는 사람과 대화를 나누는 것)에 온전히 집중할 수 있습니다. 이제는 더욱 효율적으로 행동할 수 있어요. 더욱 수월하게 자전거를 타고, 운전을 하고, 요리를 하고, 컴퓨터로 문서 작업을 하고, 사랑하는 누군가를 안아 줄 수 있어요. 마지막으로 또 한 가지 꼭 아셨으면 하는 게 있어요. 당신의 손은 아직 거기 있다는 것입니다. 잘라 내시지 않으셨잖아요. 만약 그것으로 무엇인가 유용한 것을 하고 싶다면 그렇게 할 수 있어요. 그 외에는 그냥 거기에 내버려 둘 수 있고요. ACT에서는 생각이라는 것을 그 손처럼 다루도록 합니다. 도움이 되는 생각이면 사용을 해서 그것이 우리의 행동을 안내하도록 할 수 있지요. 하지만 도움이 되지 않는 생각이라면 그냥 내버려 둘 수 있어요. 그 생각에 휩쓸리지 않은 채 생각이 자유롭게 와서 맴돌다가 때가 되면 떠나가도록 말이에요.

이렇게 탈융합이라는 개념을 소개한 후에는 동일한 비유를 통해 언제든지 내담자가 자신의 융합 혹은 탈융합 수준을 구별할 수 있도록 도울 수 있다.

상담자: 혹시 당신이 지금 당장 얼마나 현재와 접촉하고 있는지에 대해 주목해 보시겠어요? 이렇게 하면 (손으로 눈을 덮는다.) 당신 주변으로부터 완전히 분리되어 있는 상태를 나타냅니다. 이 상태에서 당신은 생각에 휩쓸려 있습니다. 그리고 이렇게 하면 (손을 무릎 위로 내려놓는다.) 현재와 온전히 접촉해 있고, 당신이 하는 일에 온전히 참여하며 집중할 수 있는 상태를 나타냅니다. 그렇다면 지금 당신이 어떤 상태인지 손으로 나타내 보일 수 있나요?

내담자를 타당화해 주지 않기

ACT에서 우리는 내담자의 경험을 타당화해 주지 않는 것에 대해 항상 주의해야 한다. 예를 들어, 잘 알려진 ACT의 명언 중 '그 생각을 준 마음에게 감사해하기'는 어떤 내담자에게는 맥락상 매우 불쾌한 말일 수도 있다.

따라서 우리는 항상 존중과 연민의 자리에서 작업하는 것을 가장 중요하게 생각해야 하고, 우리가 사용하려는 기법이 혹시 내담자를 타당화해 주지 않는 효과를 가져올 위험이 있다면 차라리 지나치게 신중하다고 비판을 받을지언정 다른 기법을 사용하는 게 좋다. 예를 들어, 우리는 내담자에게 "마음아, 고마워."라고 말하라고 하는 대신 그냥 "또 그 생각들이 찾아왔네."라고 말하게 할 수 있다.

또한 탈융합을 하는 이유를 명확하게 해야 할 필요가 있다. 내담자의 문제를 명확하게 개념화하였는가? 그렇다면 탈융합이 어떤 역할을 할 수 있는가? 구체적으로 어느 단계에서 탈융합을 시도해야 하는가?

예를 들어, 사랑하는 사람을 잃은 후 극심한 슬픔에 빠져 있는 내담자가 있다고 하자. 그런 경우에 우리는 일반적으로 자기연민을 주제로 작업을 시작하게 된다. 여기서 우리는 절대로 내담자에게 그녀가 얼마나 큰 고통에 있는지에 대한 생각으로부터 탈융합하라고 요청하지 않을 것이다! 하지만 애도 과정 중 내담자가 '내 삶은 이걸로 끝났어. 그냥 죽어 버리는 것이 나아.'라는 생각들과 융합된다면 명백한 탈융합이 시도되어야 한다. 그러나 그렇더라도 이런 상황에서는 '우스꽝스러운 목소리로 생각 말하기'와 같은 이상한 탈융합 기법은 쓰지 않을 것이다.

우리는 '이야기'라는 단어를 매우 조심스럽게 사용해야 한다. "그 이야기에 매몰될 때 어떤 일이 일어나나요?"라는 질문을 할 경우, 어떤 내담자는 "이야기가 아니라 사실이에요!"라고 항의할 수도 있다. 그런 경우에 상담자는 "죄송합니다. 기분 나쁘게 하려는 뜻은 아니었어요. 저한테 '이야기'라는 것은 어떤 정보를 전달하는 일련의 단어일 뿐이에요. 당신이 만들어 낸 것이라거나 사실이 아니라는 의미가 아니었어요. 만약 '인지'라든지 '생각'이라는 단어가 더 편하시다면 그걸 대신 사용하도록 할게요."라고 대답할 수 있다.

물론 '생각'이라는 용어도 부정적인 반응을 불러일으킬 수 있다. 내담자가 "생각이 아니라 사실이라고요!"라고 항의를 한다면 상담자는 "우리는 많은 종류의 생각을 합니다. 우리의 생각이 객관적으로 진실일 때 우리는 그것을 '사실'이라고 하지요. 하지만 그 외에도 우리는 의견, 예측, 판단 등 여러 다양한 생각을 가지고 있지만 그것들을 '사실'이라고는 하지 않지요. 그렇게 다양한 유형의 생각들을 포괄적으로 포함하는 용어를 찾아보는 게 좋겠네요. 제가 지금 생각해 낼 수 있는 건 '인지'라는 단어가 있네요. 제가 그 용어를 쓰는 게 더 편하시겠어요?"라고 대답할 수 있다.

가끔 '마음'이라는 단어도 불편해하는 내담자들이 있다. 그런 경우에 어떻게 할지에 대한 예시는 다음과 같다.

내담자: 선생님은 왜 자꾸 저의 마음이 이야기를 한다고 하시죠? 제 마음이 아닌데요?

상담자: 제가 '마음'이라고 하는 것은 '당신이라는 사람의 생각을 하는 부분'을 뜻하는 거예요. 어떻게 달리 불러야 할지 모르겠네요. 어떤 단어를 사용하는 게 좋으시겠어요?

내담자: 머리가 좋을 것 같아요.

상담자: 알겠습니다. 그럼 당신의 머리가 당신에게 그렇게 이야기하기 시작하면 주로 어떻게 하시나요?

결국, 결론은 우리가 내담자를 대할 때 존중과 연민의 태도로 대하는 것이 중요하다는 것이다. 의도치 않게 내담자를 타당화하지 않는 행동을 보였다면 얼른 사과를 하고 우리의 의도가 그렇지 않았다는 것과 무엇을 하려고 했는지에 대한 설명을 제공해 주어야 한다. 그러고 나서 우리가 달성하려고 했던 것을 다른 방법을 통해 다시 시도해 봐야 할 것이다.

융통성 없이 기법 사용하기

많은 탈융합 기법은 장난스러운 경향이 있다. 예를 들어, 생각을 노래로 부르기도 하고, 우스꽝스러운 목소리로 말하기도 하고, 컴퓨터 화면에 뜨는 것을 상상하기도 하고, 카드지에 적어 보기도 한다. 어떤 기법은 생각을 재료로 하여 그림으로 그리는 등의 미술 작업을 요하기도 한다. 또 어떤 경우에는 몸으로 비유를 표현하는 신체 활동일 때도 있고, 생각을 상상 속 나뭇잎에 띄워 시냇물에 흘려보내거나 컨베이어 벨트 위 가방에 담아 멀리 보내는 등 명상적인 활동이 활용될 때도 있다.

탈융합 개입을 하다 보면 우리는 각자만의 선호하는 탈융합 기법을 발견하게 되고, 그 자체로는 큰 문제가 되지 않는다. 하지만 우리가 과도하게 기법에 의존하여 탈융합을 촉진하게 되면 최소한 두 가지의 문제가 발생할 수 있다. 첫째, 어떤 내담자들은 우리가 선호하는 기법에 잘 반응하지 않을 수 있다. 우리가 융통성 있게 대안적인 방법을 취하지 않는다면 치료적 과정이 정체될 것이다. 둘째, 기법을 통해서만 탈융합 작업을 한다면 우리는 상담 회기 중 자연스럽고 미묘하게 탈융합을 촉진하고 강화할 수 있는 여러 기회를 놓치게 된다. 따라서 탈융합 과정을 조금 더 융통성 있게 진행할 수 있는 다음 두 가지 방법, 비공식적인 탈융합 사용하기와 효율성에 대한 질문하기를 함께 살펴보도록 하자.

비공식적인 탈융합

탈융합 기술은 지적 수준에서 습득하기란 불가능하며 경험적인 연습을 통해 배워야 한다. 하지만 공식적인 탈융합 활동을 진행하지 않더라도 내담자가 이 기술을 배울 수 있도록 도와줄 수 있다. 어떻게? 회기 중 내담자의 인지적 융합이 드러나면 그것을 상담자가 먼저 알아차리고, 인정하고, 그것을 비판단적인 태도로 지적함으로써 내담자의 탈융합을 촉진할 수 있다.

예를 들어, 우리는 "당신의 마음이 방금 적색 경보를 울린 것 같네요. 혹시 지금 또 다른 경보도 울리고 있나요?" 혹은 "어라, 보셨어요? 당신의 마음이 방금 대화의 주제를 완전히 바꿔 버렸어요."라고 말할 수 있다. 사색에 잠긴 내담자에게는 "지금 당신이 여기에 없는 느낌이 드네요."라고 말한 후 내담자가 다시 상담에 참여하기 시작하면 "다시 돌아오셨군요. 방금 당신의 마음이 당신을 어디로 데리고 갔었나요?" 혹은 "당신의 마음이 무언가로 당신을 사로잡았던 것 같아요. 그게 무엇이었나요?"라고 할 수 있다.

완전히 융합되었을 경우, 우리는 생각을 하고 있다는 것을 인지하지 못한다. 즉, 너무 생각에 매몰되어 우리가 생각을 하고 있다는 것조차 깨닫지 못하는 것이다. 따라서 탈융합의 가장 첫 단계는 그저 우리의 생각을 알아차리는 것이다. 생각을 바라보게 되면 우리는 즉각적으로 생각으로부터 약간의 거리를 갖게 된다. 따라서 회기 내내 우리는 내담자에게 "지금 당신의 마음이 무엇을 하고 있는지 알아차려 보세요." "그 생각을 잠시 그저 지켜보시겠어요?" "그 생각이 다시 찾아왔군요. 이번 회기에서 5~6번째인 것 같아요, 그렇지요?"라는 질문을 할 수 있다.

그런 후 우리는 다시 다음과 같은 질문을 던질 수 있다. "그 생각은 얼마나 오래된 생각인가요?" "그 생각은 얼마나 자주 찾아오나요?" "그 생각에 빠지게 되면 어떤 일이 벌어지나요?" "그 생각에 어떻게 반응하는 것이 좋을까요? 시간과 에너지를 투자해서 다루는 것이 좋을까요, 아니면 그냥 우리가 하던 것을 계속할까요?"

이렇게 비공식적인 방법으로 탈융합을 촉진하는 것은 회기 중 언제든지 사용할 수 있다는 점과 명백하게 선포하지 않더라도 탈융합을 강화할 수 있다는 점이 좋다. 이렇게 하면 내담자의 저항을 줄이고, 상담의 효과성을 극대화하기도 한다.

효율성 질문

효율성에 대한 질문을 하는 것은 탈융합에 매우 도움이 된다. 다음 두 가지의 기본 단계를 통해 효율성 질문을 할 수 있다.

① 생각 알아차리기
② 그 생각에 반응하는 것에 대한 효율성 고려해 보기

1단계는 단순히 "지금의 당신 마음이 당신에게 말하고 있는 것을 알아차려 보세요."라고 말하는 것으로 끝낼 수 있다. 하지만 2단계에서는 약간 조심해야 한다. "어떤가요?" 혹은 "그렇게 생각하는 것이 도움이 되나요?"라고 묻는 것은 내담자가 의식적으로 무엇을 생각할지를 결정하고 있다는 것을 암시할 수 있기 때문에 삼가는 것이 좋다.

그 대신 우리는 내담자의 생각이 정상적이고 자연스러운 반응이라는 것을 타당화하고, 그의 의식적인 통제 밖의 일이라는 것을 인정해 주는 것이 좋다. 따라서 우리는 "그렇게 생각하는 것은 정말 정상적이고 자연스러운 일이에요. 우리 모두 그런 종류의 생각을 하곤 하지요. 하지만 제가 궁금한 것은 그런 생각이 머리에 떠오르면 당신이 그것을 꼭 붙잡고 그 생각이 당신의 행동을 지시하게끔 두면 당신이 원하는 모습의 사람이 되는 데 도움이 되나요? 아니면 당신이 하고 싶은 것들을 할 수 있도록 하나요?"라고 말할 수 있다.

또한 효율성 질문은 과녁 활동지(제6장 참조)와 연결하여 진행하는 것이 가장 효과적인 방법 중 하나라는 것을 기억하자. 예를 들어, "그 생각을 꼭 붙잡아 둔 채 당신이 무엇을 할지를 그 생각이 지시하도록 두면 당신은 과녁의 중심으로 더 가까이 가게 될까요? 아니면 멀어지게 될까요?" 등의 질문이 그것이다.

가짜 탈융합 격려하기

상담자들은 몇 가지 방식으로 가짜 탈융합을 격려하기도 한다. 부정적인 생각으로부터는 탈융합하라고 하면서 긍정적인 생각과는 융합을 격려하는 식으로 (특히, 자존감을 높이려는 시도에서) 엇갈리는 메시지를 전달할 수 있다. 또 다음 예시에서처럼 내담자가 원치 않은 생각과 감정을 없애기 위해 탈융합 기법을 잘못 사용하는 것을 상담자가 지지하는 경우가 있을 수도 있다.

내담자: 정말 놀라웠어요! 생각들이 그냥 사라지더라고요. 훨씬 기분이 나아졌어요.

상담자: (활짝 웃으며) 그래요, 정말 멋진 기법이지요?

이런 상담자의 반응은 탈융합의 목적이 생각들을 사라지게 만들거나 고통스러운 감정을 줄어들게 하는 것이라는 오해를 불러일으킬 수 있다. 이렇게 하는 대신 상담자는 그런 효과가 종종 일어나기는 하지만 부수적인 효과일 뿐 탈융합의 주된 목적은 아니라는 것을 태연하게 설명해야 한다.

물론 내담자가 가짜 탈융합을 하고 있다면 곧 그는 "아무런 효과도 없어요."라고 이야기하게 될 것이다. 상담자가 내담자에게 그 말의 의미를 조금 더 설명해 달라고 하면, 내담자는 탈융합을 해도 생각이 사라지거나 감정들이 없어지지 않는다는 이야기를 할 것이다. 그런 경우에 우리는 다시 따뜻한 태도로 손을 생각이라고 상상해 보는 비유를 통해 탈융합의 진정한 목적을 설명할 수 있다.

세 가지 고전적인 기법들

언제든지 안정적으로 사용할 수 있는 가장 단순하고 강렬한 탈융합 기법은 닻 내리기 기법, 생각 적어 보기, 그리고 장애물 코스 연습 활동일 것이다.

닻 내리기

제3장에서 소개된 닻 내리기 기법은 다음 예시에서 보다시피 융합 수준이 높은 내담자에게 매우 효과적인 연습 활동이다.

내담자: 제가 할 수 있는 건 아무것도 없어요. (고개를 숙이며) 이건 시간 낭비예요. 소용이 없어요.

상담자: (따뜻하게) 당신 말이 맞아요. 지금 하던 대로 계속한다면 정말 시간 낭비일 것 같아요. 조금 더 효과적인 것을 해 보시겠어요?

내담자: (바닥을 쳐다보며) 제가 할 수 있는 건 아무것도 없어요.

상담자: (부드럽게) 그래요, 맞아요. 지금 하고 있는 대로 계속한다면 정말 아무 소용없을 거예요. 그럼 조금 더 효과적인 것을 해 보시겠어요?

내담자: 뭘 해야 할지 모르겠어요.

상담자: 제가 도움이 될 만한 것을 보여 드려도 될까요?

내담자: 도움이 되는 건 없을 거예요. 제가 할 수 있는 건 아무것도 없어요.

상담자: (부드럽고 따뜻하게) 자, 당신은 선택의 기로에 놓여 있어요. 계속 바닥만 쳐다보면서 '내가 할 수 있는 건 아무것도 없다.'라고 말하 거나, 아니면 조금 더 효과적일 수 있는 다른 것을 시도해 볼 수 있 어요.

내담자: (바닥을 쳐다보며) 말씀드렸잖아요. 제가 할 수 있는 건 아무것도 없어요.

상담자: (인내심을 가지고 부드럽게) 알아요. 그 말은 벌써 여러 번 말씀해 주셨어요. 자, 남은 회기 시간 내내 그렇게 바닥만 쳐다보고 소용없 다는 말만 하실 건가요? 아니면 조금 더 효과적일 수 있는 다른 것 을 시도해 보시겠어요? 당신이 선택하세요.

내담자: 저에게는 선택권이 없다고요!

상담자: (침착하고 따뜻하게) 자, 당신은 선택권이 없다고 말하면서 지금과 같이 계속 그렇게 앉아 있을 수도 있고, 아니면 실제로 도움이 될 만한 다른 무언가를 해 보기를 선택할 수 있습니다.

내담자: (고개를 들어) 뭐 어떤 걸 말씀하시는 거예요?

상담자: 한 예로, 저는 지금 당신에게 닻을 내리는 법을 보여 드릴 수 있어요.

내담자: 네? 뭘 한다고요?

상담자는 드디어 내담자의 관심을 얻어 냈다. 이제 상담자는 앞서 제3장에서 설명한 감정의 폭풍 비유와 닻 내리기 기법을 소개하며 다음과 같이 진행하도록 한다.

상담자: 자, 다시 한 번 여쭤볼게요. 아까 모든 게 소용없고 시간 낭비일 거
　　　　라는 생각이 여전히 당신을 맥 빠지게 만드나요?

내담자: 음, 그 생각들은 아직 있긴 해요. 그런데 아까처럼 그렇게 맥이 빠지
　　　　지는 않네요.

상담자: 이렇게 하는 게(눈을 손으로 가린다.) 모든 게 소용없다는 생각에
　　　　완전히 매몰된 상태를 나타내고, 이렇게 하는 게(손을 내려 무릎 위
　　　　에 얹어 놓는다.) 생각은 여전히 남아 있지만 이제는 그렇게 신경
　　　　쓰이지 않는 상태를 나타낸다면 손으로 당신의 지금 상태를 보여
　　　　주시겠어요?

내담자: 아마도 여기쯤일 것 같아요. (손을 얼굴과 무릎 사이 중간 지점 즈음
　　　　에 둔다.)

생각 적어 보기

우리는 이미 제6장에서 이탈과 참여 기술을 통해 생각을 적어 보
는 것이 얼마나 단순하고 효과적인지 살펴보았다. 내담자가 우리를
당황스럽게 하는 말을 할 때면 언제든 이 방법을 사용할 수 있다. 다
음은 그에 대한 예시이다.

내담자: 이건 정말 시간 낭비예요. 사는 게 너무 괴롭고, 상담도 별로이고,
　　　　당신도 형편없어요!

상담자: 좋아요. 알겠습니다. 당신 마음이 말하고 있는 것들을 여기에 적어
　　　　보는 것은 어떨까요?

내담자: 왜죠?

상담자: 그렇게 하면 그 생각들을 조금 더 명확하게 살펴보고 어떻게 반응할
지를 결정할 수 있으니까요. (생각을 적는다.) 자, 당신의 마음이 방
금 이야기한 것들이에요. '이건 정말 시간 낭비예요. 사는 게 너무
괴롭고, 상담도 별로이고, 당신도 형편없어요!' 이제 우리는 몇 가
지 반응 중 선택할 수 있어요. 우리는 이 생각들이 진실인지에 대해
토론할 수 있어요. 저는 방어적으로 반응을 하거나 화를 내면서 당
신에게 제가 형편없지 않다는 것을 증명해 보이려고 노력할 수 있
어요. 또 당신의 마음이 이건 시간 낭비라고 말하고 있으니까 우리
는 상담을 여기서 끝낼 수도 있어요. 아니면 우리는 이것들이 당신
에게 순간적으로 떠오른 생각들이라는 것을 인정하고, 그냥 이 생
각들이 오고 갈 수 있도록 내버려 둔 채 계속 진행할 수도 있습니다.
뭐가 가장 도움이 될까요?

장애물 코스

내담자의 생각을 적어 보는 것은 장애물 코스 활동으로 자연스럽
게 넘어갈 수 있도록 한다. 이 개입은 불안한 생각이나 절망적인 생
각, 그리고 자기평가적인 생각에 특히 유용할 수 있다. 다음 축어록
에서 상담자는 이미 내담자의 가장 힘든 생각 10가지를 큰 종이에 적
어 놓은 상태이다.

상담자: 자, 당신의 마음이 당신에게 계속해서 말하는 것들이 이것들이지요?

내담자: 네.

상담자: 이제 간단한 활동 하나를 할 텐데 괜찮으시겠어요? 처음에는 조금 이상하다고 느껴지실 수 있겠지만, 하시면 많은 것을 얻어 가실 거예요.

내담자: 알겠어요.

상담자: 좋습니다. 자, 그럼 이 종이를 가지고 (내담자에게 생각이 적힌 종이를 건넨다.) 저쪽에 가서 서 보시겠어요? (내담자를 방의 한쪽 끝으로 데려간다.) 이제 여기에 제가 특별한 장애물 코스를 만들 거예요. (방에 있는 물건들을 옮겨 장애물 코스를 만든다.) 여기 이 의자는 당신의 돈 문제입니다. 저 의자는 부부 문제이고요. 여기 이 책들은 당신 자녀들과의 문제입니다. 그리고 저기 저 가방은 당신의 건강 문제이고요. 그리고 제가 서 있는 이쪽은 (이제는 내담자로부터 멀리 떨어져서 방 건너편에 서 있다.) 더 나은 삶을 나타냅니다. 더 풍요롭고, 충만하고, 의미 있는 삶이요. 하지만 이 삶을 얻기 위해서는 이 모든 장애물 사이로 길을 찾아내야 해요. 먼저 그 생각들에 매몰된 상태로 이 코스에서 길을 찾아 걸어오실 거예요. 그러니까 이렇게 해 보는 거죠. (종이를 얼굴 바로 앞에 가져와서 앞이 안 보이게 한다.) 아주 천천히 걸으세요. 다치면 안 되니까요. 장애물 사이로 걸어오시면서 아래를 보시면 안 돼요. 당신의 생각에 완전히 몰입하고 있으셔야 해요. 지금 해 보시고, 이렇게 장애물 사이를 걷는 게 어떤 경험인지 보세요. (내담자는 종이를 얼굴 앞에 대고 천천히 불편하게 걸어온다. 몇 걸음 못가서 의자의 모서리에 부딪힌다.) 자, 거기 그냥 있어 보세요. 좋아요. 잘하셨어요. 이제 다시

출발점으로 돌아가서 다시 해 보세요. 이번에는 그 생각들을 겨드
랑이 사이에 끼고 걸어오시는 거예요. (내담자는 출발점으로 돌아
가서 종이를 겨드랑이 사이에 낀 채 장애물 사이로 쉽게 걸어온다.)
그 둘의 차이를 느끼셨나요? 생각들이 바뀌거나 없어진 것은 아니
지만 그것을 다른 방법으로 다루었어요. 생각에 매몰되어 있지 않
을 때 삶에서 겪는 문제들을 훨씬 더 쉽게 다룰 수 있답니다.

이 시점에서 내담자는 자신의 생각으로부터 조금 더 탈융합되어
있을 것이다. 상황을 봐서 상담자는 다른 탈융합 기법(공식적, 비공식
적 혹은 둘 다)을 추가적으로 소개할 수 있다.

천천히, 조금씩

만약 탈융합 개입 시 어려움을 느낀다면 수용에서처럼 천천히, 조
금씩 진행하도록 한다. 특히, 내담자가 탈융합이 되는 조그만 단서
라도 보이면 그것을 강화하려고 최선을 다하여라. 예를 들어, "지금
여기에 온전히 와 있는 것 같아요." "아까보다 훨씬 덜 얽매어 있어
보여요." "아까 조금 궤도에서 벗어난 듯 보이시더니 이제 다시 돌
아오셨네요." "어라, 방금 마음의 고리에서 빠져나오신 걸 느끼셨나
요?"라고 이야기할 수 있다.

이 과정에서 가장 중요한 부분은 개념화된 자기(내용으로서의 자기
라고도 부른다.)로부터 탈융합하는 것이다. 그 부분을 다루기까지 천

천히 가는 것이 좋다. 먼저 구체적인 자기평가(예: 나는 X이다. 혹은 나는 Y가 아니다.)로부터 탈융합을 하고, 그 후 평가의 일반적인 과정으로부터 탈융합을 하고 나서 마지막으로 개념화된 자기로부터 탈융합을 진행한다.

긍정적인 생각, 부정적인 생각-둘 다로부터 탈융합하기

ACT에서는 부정적인 생각뿐만 아니라 긍정적인 생각으로부터 탈융합을 하는데, 초반에는 많은 내담자가 이에 대해 혼란스러워한다. 그들의 이해를 돕기 위해 이런 질문을 할 수 있다. "당신이 '나는 세상에서 가장 멋진 엄마야.'라는 생각과 융합된다면 어떤 위험이 있을까요? 물론 그런 생각은 당신의 자존감을 높여 주겠지만 어떤 손실이 있을까요?"

상담자는 내담자가 이것을 잘 이해할 수 있도록 단계별로 차례차례 보여 주어야 한다. 긍정적인 생각과 융합되는 경우에 내담자는 현실감을 잃어 자신의 완벽하지 않은 점들을 알아차리지 못하게 된다는 점, 자신의 실수를 깨닫지 못해서 그것으로부터 배우고 성장할 수 없다는 점, 그런 신념에 반대하는 정보나 사람들에게 마음을 닫아 버릴 수 있다는 점 등을 짚고 넘어가야 한다. "혹시 '나는 최고야. 난 무엇을 하든 최선의 방법을 알고 있어.'라는 생각과 융합된 사람과 함께 일해 본 경험이 있으신가요? 어떠셨어요?"라는 질문을 해 볼 수 있다. "'나는 훌륭한 운전수이니까 술을 마셔도 운전을 잘할 수 있을 거야.'라는 생각과 융합되는 것이 어떤 위험을 가져올까요? 이런 생각은 높은 자존감의 표시일 수 있지만 생활을 개선해 줄 가능성이 더 높을까요? 아니면 악화시킬까요?"

물론 우리 자신의 긍정적인 자질과 강점들을 알고 있는 것은 좋지만 느슨하게 잡고 있자. 그런 생각들과 융합이 되면 틀림없이 문제가 발생한다. 이것을 경험하게 하기 위해서 장애물 코스 활동을 약간 수정하여 활용할 수 있다. 종이의 한 면에는 내담자가 가지고 있는 긍정적인 자기평가(예: "나는 너그럽다." "나는 좋은 엄마이다.")를 적어 두고, 반대 면에는 부정적인 자기평가(예: "나는 이기적이다." "나는 나쁜 엄마이다.")를 적는다. 그런 후 부정적인 생각들에 매몰되어 있는 상태에서 장애물을 통과해 보고, 종이를 뒤집어 긍정적인 생각들에 매몰된 상태에서 장애물 코스를 걸어가 본다. 이 경험을 통해 내담자는 자신이 부정적인 생각이든 긍정적인 생각이든 생각과 융합되어 있으면 동일하게 장애물을 통과하기가 어렵다는 것을 깨닫게 된다. 그리고 그 종이를 겨드랑이 사이에 껴서 긍정적 · 부정적 생각으로부터 모두 탈융합이 되었을 때에는 장애물 사이로 걸어가는 것이 훨씬 더 쉽다는 것을 알게 된다. 그런 후 상담자는 활동을 요약하는 것으로 마무리를 한다.

상담자: 이렇듯이 부정적인 자기평가와 융합되어 낮은 자존감을 갖고 있는 것과 긍정적인 자기평가와 융합되어 높은 자존감을 갖고 있는 것 모두 동일하게 문제가 될 수 있습니다. 우리가 목표로 삼아야 할 것은

자기수용이에요. 달리 말하자면 우리 자신에 대한 모든 이야기를 매우 느슨하게 잡고 있으면서 부정적이거나 긍정적인 생각에 집착하지 않는 상태로 가는 것입니다.

실험

- 손을 생각이라고 상상해 보는 비유와 장애물 코스 활동을 개인적으로 연습해 본 후, 내담자와 함께 해 보라.
- 상담 회기 중 비공식적으로 탈융합을 촉진하기 위해 당신만의 언어를 개발하라.
- 탈융합을 촉진하기 위해 과녁 활동지와 효율성 질문을 함께 사용해 보라.
- 혹시 당신이 가짜 탈융합을 격려하는 행동은 하고 있지 않은지 돌아보라. 만약 그런 경험이 있다면 앞으로 달리 해 볼 수 있는 것이 무엇이 있는가?
- 탈융합을 하면서 난관에 부딪히면 우선 ACT의 삼각형의 위쪽 꼭지인 '현재에 있기'로 돌아가라.

제11장

자기 안에
간혀 있는 상태

ACT에서는 대체로 자기(self)와 관련된 세 가지 주요 문제를 다룬다. 그것은 자기에 꼬리표 붙이기(labeled self), 자기를 미발달시키기(underdeveloped self) 그리고 자기에게서 분리되기(disconnected self)이다(Harris & McHugh, 2012).

자기에 꼬리표 붙이기

바로 전 장의 마지막 부분에서 논의된 것처럼 우리는 자기평가(예: 나는 바보이다. 혹은 나는 똑똑하다.)와 더 강하게 융합될수록 (그 평가가 부정적이든, 긍정적이든 간에) 삶에 더 많은 문제가 생긴다. 왜 그러한가? 우리는 점차 그 꼬리표들이 우리 자신이라고 믿게 되어 결국 그 꼬리표들이 우리를 정의하고, 우리가 무엇을 할 수 있는지, 어떤 사람이 될 수 있는지를 좌우하게 된다. 그리고 궁극적으로 우리는 그 모든 꼬리표를 포괄하는 하나의 큰 이야기를 만들어서 '이게 나라는 사람이다.'라고 융합하게 된다. 우리는 이것을 전문적인 용어로 개념화된 자기 혹은 내용으로서의 자기라고 부른다.

'꼬리표 붙여진 자기'는 우리가 자기평가와 융합되어 있을 때 느끼는 제한된 자기감을 의미한다. 우울증이 있는 사람의 자기평가는 대부분 부정적['나는 쓸모없는(필요 없는, 사랑할 수 없는, 비참한, 부담이 되는 등) 사람이야.']이다. 반대로 자기애적 성격장애가 있는 사람의 자기평가는 대부분 긍정적['나는 멋진(매력적인, 똑똑한, 그 누구보다 나은 등) 사람이야.']이다.

자기평가와 더욱 강하게 융합될수록 우리는 융통성을 잃고, 그 꼬리표들이 우리에 대해 정의하는 방식에 더욱 제한되기 시작한다. 예를 들어, 길고 성공적이었던 직장 생활을 끝낸 후 은퇴를 하면서 어려움을 겪고 있는 내담자를 상상해 보라. 그런 사람들에게 주로 문제시되는 것은 예전의 직장 생활과 관련된 꼬리표들(예: 나는 경찰이다. 혹은 나는 교사이다.)과 여전히 강하게 융합되어 있다는 점이다. 새로운 꼬리표(나는 퇴직자이다.)를 거부하려고 하는 경우가 많은데, 그 이유는 그들이 새로운 꼬리표를 '나는 쓸모없는 사람이다.'라는 생각과 동일시하기 때문이다.

또 다른 예로 '낮은' 자존감을 가지고 있는 우등생을 그려 보자. 그는 수행이 좋을 때에는 '나는 최고이다.'라는 생각과 융합되어 높은 자존감을 갖고 있을 것이다. 하지만 수행 수준이 떨어지게 되면 '나는 실패자이다.'라는 생각과 융합되어 자존감이 바닥을 치게 된다.

마지막으로, 행동을 회피하기 위해 자기평가를 사용하는 많은 내담자를 떠올려 보자. 이들은 "나는 우울증(조울증, 물질장애, 강박장애, 과도한 불안, 낮은 자신감, 성적 학대 경험, 전쟁 경험 등)이 있는 사람이니까 그것은 할 수 없어."라고 말하면서 특정 행동을 회피한다.

자기를 미발달시키기

어떤 내담자들은 자기 자신에 대해 거의 모른다. 그들에게 무엇을 느끼고 있는지, 무엇이 문제인지, 무엇에 관심이 있는지, 무엇을 좋아하는지, 의견이나 선호가 어떠한지, 삶에서 무엇을 바라고 있는지 등에 대해 물어보면 "잘 모르겠어요."라는 대답을 듣게 될 가능성이 높다. 이런 경우, 내담자가 미발달된 자기("나는 내가 누구인지, 내가 무엇을 원하는지 모른다.")를 가지고 있다고 생각하면 된다. 이런 내담자들은 주로 아무런 방향감이나 목적의식 없이 삶을 살아가고 있는 경우가 많다. 그들은 관계에서 매우 수동적이며, 다른 사람들의 필요를 채우는 데 집중해 있으며, 자신의 필요에 대해서는 무지하다. 대부분의 경우, 그들은 낮은 '정서 문해력(emotional literacy)'을 가지고 있는데, 이는 그들이 자신의 감정을 알아차리고 인식하고 명명화하는 능력이 제한되어 있다는 것을 의미한다. 그렇기 때문에 이들에게 "무슨 생각을 하고 있나요?"라고 물으면 "잘 모르겠어요." 혹은 "아무 생각도 없는데요."라는 답을 듣게 될 것이다.

이런 종류의 내담자들은 주로 '회전초(tumbleweed: 가을이 되면 줄기 밑동에서 떨어져 바람에 날리는 잡초 · 공 모양임.)'와 같은 생활 방식을 가지고 있는 경우가 많지만, 몇몇은 매우 성공적인 직업관을 가지고 있기도 하다. 하지만 그들의 성공은 자신의 가치에 따라 삶의 방향을 설정하여 얻어진 것이 아니라, 주로 다른 사람들의 신념, 바람, 기대, 의무, 규칙 등을 엄격하게 준수하여 얻어진 것일 가능성이 높다. 그렇기 때문에 이들의 성공이 허무감, 낮은 만족감, 무망감 등을 동반하는 경우가 많다는 점은 그리 놀랍지 않다.

자기에게서 분리되기

내담자가 공감하거나, 연민을 경험하거나, 다른 사람의 관점에서 보거나, 다른 사람의 마음이 어떻게 작용하는지 이해하는 능력이 부족하다면 그는 만족스러운 대인 관계를 맺지 못할 것이다. 그는 다른 사람들로부터 동떨어져서 자신의 세계에서 살아갈 것이다. 분리된 자기는 여러 대인 관계에서 갈등의 모습으로 드러난다. 그런 갈등은 주로 다른 사람들의 감정과 욕구 혹은 동기를 잘못 읽어 내거나, 인지하지 못하거나, 무시해 버리는 행동으로부터 발생된다. 이에 대한 예시로는 아스퍼거 증후군이나 나르시시즘에서 주로 발견되는 공감 능력 부족이나 다른 사람들의 관점으로 보지 못하는 능력이 있다.

자기 관련 문제 다루기

앞에서 설명된 자기(self)와 관련된 세 가지의 주요 문제가 종종 함께 발생한다는 점을 기억해야 한다. 예를 들어, 통찰과 자기인식이 결여된(미성숙한 자기) 심각하게 우울한 내담자는 타인에 대한 공감과 이해가 부족하고(분리된 자기), 자신에 대해 쓸모없고 사랑받지 못하는 사람이라고 판단하고(꼬리표가 붙여진 자기) 있다. 사실 우리 모두가 이 세 영역에서 어느 정도 문제를 가지고 있다고 할 수 있지 않은가. ACT에서는 이 세 영역을 각각 달리 다룬다.

꼬리표가 붙여진 자기는 주로 탈융합으로 다룬다. 초반에 우리는 내담자가 가지고 있는 개인적인 자기평가로부터 탈융합할 수 있도록 돕는다. 그 후 판단하는 과정으로부터 탈융합되도록 하고, 마지막으로는 전체적인 개념화된 자기로부터 탈융합을 시도한다.

미성숙한 자기를 다룰 때에는 먼저 현재 순간과 접촉하는 것부터 시작한다. 즉, 우리는 내담자가 다양한 것을 주목하고 알아차릴 수 있도록 안내한다. 열린 마음과 호기심을 가지고 자신이 무엇을 느끼는지, 무엇을 생각하는지, 무엇에 관심이 있는지, 무엇을 좋아하고 즐기는지, 무엇을 싫어하고 즐기지 않는지, 무엇을 감사해하는지, 의견 · 선호 · 필요 · 강점은 무엇이 있는지 등에 대해 주목하고 알아차리게 한다. 가치 명료화 활동도 큰 부분을 차지하게 된다. 우리는 내담자에게 무엇이 중요한지를 알아차리게 하여 그것을 말로 표현하고, 궁극적으로 목표와 행동 계획으로 변환시킬 수 있도록 돕는다.

분리된 자기는 유연한 조망 수용 훈련을 통해 다룰 수 있다. 구체적으로 내담자가 기본적인 공감 능력을 키울 수 있도록 훈련하고, 다른 사람의 관점에서 사물을 바라볼 수 있도록 가르쳐야 한다. "그런데 잠시만요!"라고 외치는 당신이 들린다. "'유연한 조망 수용'이 뭘 의미하는 거죠?" 이는 좋은 질문이다!

유연한 조망 수용: 맥락으로서의 자기의 '확장된' 정의

맥락으로서의 자기(self-as-context: 관찰하는 자기, 관찰자 자기, 주목하는 자기 혹은 침묵하는 자기)는 상담자와 내담자에게 모두 ACT 모델에서 가장 파악하기 힘든 개념이다. 이 책이 쓰인 시점(2013년도 초반)에는 거의 모든 ACT 관련 출판물(교재, 논문, 자기계발 도서)에서 '맥락으로서의 자기'를 자기(self)라는 영역에서 하나의 구체적인 결과(outcome)로 정의 및 논의하고 있었고, 주로 초월적인 자기(transcendent self), 관찰하는 자기(observing self), 관찰자 자기(observer self) 혹은 침묵하는 자기(silent self)라고 불리는 경험으로 설명되고 있었다. 출판물에서는 맥락으로서의 자기를 생각과 감정을 관찰하고 수용할 수 있는 안전하고 일정한 관점을 제공하는 초월적인 자기감으로 모두 비슷하게 설명하고 있다.

하지만 ACT 관련 출판물 외에 RFT(Relational Frame Theory: 관계 구성틀 이론은 언어와 인지에 대한 행동 이론으로서 ACT의 기저가 되는 이론이다.) 관련 자료들을 보면 맥락으로서의 자기를 조금 달리 정의하고 있다. 이 대안적인 정의는 맥락으로서의 자기를 크게 확장하여 성과가 아닌 과정 측면, 즉 '유연한 조망 수용'의 과정으로 정의를 하고 있다. (만약 지금 혼란스럽다면 정상이다. 조금 더 읽어 보면 명확해질 수 있다.) 맥락으로서의 자기를 과정으로 생각하게 되면 초월적·관찰적 자기를 탈융합, 수용, 연민, 공감 등과 같은 여러 가능한 성과 중 하나로 볼 수 있다.

맥락으로서의 자기의 '확장된' 대안적 정의의 예시는 다음과 같다 (Hayes, 2011).

"맥락으로서의 자기는 관찰과 어떤 관점이나 시각에서 설명하는 것을 가능하게 하는 지시적 관계(deictic relations)(특히, 나/여기/지금) 군(cluster)의 조합과 융통성 있는 사회적 확장이다. 맥락으로서의 자기는 마음 이론, 공감, 연민, 자기연민, 수용, 탈융합, 초월적인 자기 감 등 다양한 경험을 가능하게 하거나 촉진한다."

도대체 이게 무엇을 의미하는가? 간단하게는 맥락으로서의 자기란 '나, 여기, 지금'의 관점에서 어떤 사람이나 사물을 바라볼 수 있는 능력을 포함한다는 뜻이다. 다음에 제시된 표를 자세히 살펴보면 조금 더 이해가 될 것이다. 중심에 있는 상자로부터 시작하여 그것을 둘러싼 각각의 상자의 내용을 자세히 읽어 보라.

내면 아이
'나, 여기, 지금'이 시간을 돌려 '더 어린 자기'로 돌아가는 상상을 하고 '그때, 거기'에 있었던 '나'에게 친절하게 대하는 것

마음 이론
'나, 여기, 지금'이 '다른 누군가'가 무엇을 생각하고, 느끼고, 무엇이 그들을 동기 부여하는지를 상상하는 것

공감
'나, 여기, 지금'이 '다른 누군가'가 무엇을 느끼는지 알아차려 '나'도 함께 느끼는 것

가치
'나, 여기, 지금'이 나에게 무엇이 중요하고 이미 있는지 알아차려 그것을 언어로 표현하는 것

전념 행동
'나, 여기, 지금'이 나의 행동을 알아차리며 그것에 대한 통제를 갖는 것

현재와 접촉하기
'나, 여기, 지금'이 '다른 무엇'(다른 무엇 = '나, 여기, 지금'이 생각하고, 느끼고, 보고, 듣고, 만지고, 맛보고, 냄새를 맡고 할 수 있는 모든 것)을 알아차리라는 것

맥락으로서의 자기
'나, 여기, 지금'
'나'는 '다른 사람'(너/그/그녀/그것/그들/다른 누구/다른 무엇 등)과 구별됨
'여기'는 '거기'와 구별됨
'지금'은 '그때'와 구별됨

초월적/관찰적 자기
'나, 여기, 지금'은 '다른 모든 것'(다른 모든 것 = 몸, 생각, 감정, 외부 세계)의 관찰자인 것

자기연민
'나, 여기, 지금'이 '거기 고통스러운 감정'을 알아차려 따뜻하게 반응하는 것

연민
'나, 여기, 지금'이 '거기 다른 사람들'의 고통을 알아차려 따뜻하게 반응하는 것

탈융합
'나, 여기, 지금'이 '거기 생각들'을 알아차려 그것들이 단어와 그림이라는 것을 인식하는 것

내용으로서의 자기로부터 탈융합
'나, 여기, 지금'이 '나는 누구인가'에 대한 '거기 생각들'을 알아차려 그것들이 단어와 그림이라는 것을 인식하는 것

수용
'나, 여기, 지금'이 '생각과 감정'을 알아차려 그것들과 화해를 하는 것

앞의 표를 보면서 맥락으로서의 자기는 대략적으로 '나, 여기, 지금'의 시각으로 관찰하고 기술하는 능력이라는 것을 알 수 있기를 바란다. 즉, 우리는 맥락으로서의 자기를 여러 심리적 과정(초월적 혹은 관찰적 자기는 그중 하나일 뿐)을 뒷받침하는 능력인 유연한 조망 수용으로 생각할 수 있다.

따라서 맥락으로서의 자기는 마음챙김의 핵심이다. 우리는 항상 '나, 여기, 지금'의 관점에서 '무엇'을 알아차리고, 주의를 기울이고, 관찰하고, 자각하고, 집중하고, 의식한다. 그렇기 때문에 맥락으로서의 자기는 다른 모든 마음챙김 과정(예: 탈융합, 수용, 현재 순간과 접촉하기)의 기반이 된다고도 할 수 있겠다.

더 나아가 우리는 마음챙김 과정을 수행할 때마다 맥락으로서의 자기를 동시에 키워 나간다. 이러한 호혜적 관계로 인해 맥락으로서의 자기는 우리가 인지하고 있든 없든 사실상 우리의 모든 상담 회기 속에 스며들어 있다. 그것은 마음챙김의 모든 영역뿐만 아니라 가치, 전념 행동에도 내포되어 있다(앞의 표 참고).

요약하자면 '맥락으로서의 자기'는 관찰하는 자기 혹은 초월적인 자기를 의미하는 것이 아니다. 따라서 앞으로 새로운 ACT 자료들이 개발되고 예전 문헌들이 수정되고 갱신될 때 맥락으로서의 자기의 새로운 정의가 확산되어야 할 것이다. 하지만 많은 ACT 프로토콜은 맥락으로서의 자기 과정들 중 초월적인 자기 혹은 관찰하는 자기의 경험을 촉진하는 일부분만 포함하고 있으며, 많은 상담자와 내담자가 그 지점에서 어려움을 겪고 있다. 여기서 그 어려움들을 살펴보도록 하자.

초월 작업에서 흔히 발견되는 걸림돌

초월적 자기 작업에서는 크게 다음 3가지의 어려움이 흔히 발생한다.

- 우리는 언제 그리고 왜 이것이 필요한지에 대해 불명확하다.
- 우리는 이것을 너무 복잡하게 제시한다.
- 우리는 내담자가 이것에 대해 저항할 때 당황스러워한다.

언제, 왜 초월적인 자기가 필요한지 이해하기

우리는 왜 초월적인 자기나 관찰하는 자기라는 개념을 사용해야 하는가? 꼭 그럴 필요가 있나? 물론 우리는 이 작업을 모든 내담자와 진행할 필요는 없다. 이 작업이 모든 ACT 프로토콜에 포함되어 있는 것도 아니다. 하지만 이 개념은 다음 4가지의 이유로 유용하게 쓰일 수 있다.

- 초월적 자기는, 특히 개념화된 자기로부터 탈융합하는 과정을 돕는다. 예를 들어, 상담자는 "초월적 자기는 그 이야기에 사로잡혀 있는 것이 아니라 그것에서 한 걸음 물러나 볼 수 있는 당신의 한 부분이에요."라고 말할 수 있다.
- 초월적 자기는 수용을 돕는다. "초월적 자기는 당신 안에 있는

'안전한 공간'이에요. 개방적인 태도로 어려운 감정을 위한 공간을 만들어 그 감정에 휘말리는 것이 아니라, 그것들이 오고 가는 것을 지켜볼 수 있답니다."

- 초월적인 경험은 영성에서 매우 중요한 측면이다. "우리는 생각, 감정, 몸 그 이상의 더 큰 존재예요."
- 외상 생존자들에게 매우 강렬한 경험이다. "그것은 그 사건 속에서도 다치지 않은 당신의 한 부분이에요."

　물론 우리는 초월적인 자기 혹은 관찰하는 자기에 대해 언급하지 않아도 처음 두 가지(탈융합과 수용 돕기)는 쉽게 달성할 수 있다. 만약 우리가 내담자에게 탈융합과 수용의 기술을 가르치고 싶다면 관찰하는 자기를 명백하게 명시하지 않고도 다양한 기법을 활용할 수 있다(물론 관찰하는 자기는 그런 모든 기법에 내포되어 있다.). 하지만 만약 내담자가 영성의 이 특정 부분과 접촉하기 바란다면 혹은 외상 생존자를 가장 효과적으로 지지해 주고 싶다면 우리는 관찰적 자기라는 개념을 명확하게 드러내야 한다. 여기서의 관건은 그것을 너무 복잡하게 만들지 않을 수 있는 방법을 찾는 것이다.

단순하게 하기

　어느 ACT의 기본서를 보더라도 초월적 자기 혹은 관찰적 자기를 개발할 수 있는 많은 활동과 비유를 찾아볼 수 있을 것이다. 하지만 이런 개입들은 대부분 꽤 복잡하여 안 그래도 힘들어하는 내담자를

더욱 혼란스럽게 만들기 십상이다. 이런 내담자를 위해서 나는 주로
단순한 활동 하나(알아차리고 있다는 것을 알아차리기: Be Aware You're
Noticing)와 간단한 비유 하나(무대 쇼: stage show)를 사용한다. 다음
에는 이 두 가지에 대한 축어록이 있다.

'알아차리고 있다는 것을 알아차리기' 활동에서 상담자는 먼저 내
담자에게 편한 자세를 찾도록 한다. 의자에 똑바로 앉고, 허리를 바
로 세우고, 발은 바닥에 닿게 두고, 눈은 감고 있든지 한 곳을 정해 주
시하도록 한다. 그런 후 상담자는 각 지시 후 최소 10초의 간격을 두
면서 천천히 말을 한다.

상담자: 당신의 호흡을 알아차려 보세요… 그리고 알아차리는 자신을 알아
     차려 보세요… 당신이 무슨 생각을 하는지 알아차려 보세요… 그
     리고 알아차린다는 것을 알아차려 보세요… 당신에게 무엇이 들리
     는지 알아차려 보세요… 그리고 그것을 알아차리는 자신을 알아차
     려 보세요… 당신의 마음이 무엇을 이야기하고 있는지 알아차려
     보세요… 그리고 알아차리는 것을 인식해 보세요… 당신 발에 어
     떤 느낌이 드는지 알아차려 보세요… 그리고 알아차리고 있다는
     것을 알아차려 보세요… 어떤 생각을 가지고 있는지 알아차려 보
     세요… 그리고 알아차리는 자신을 알아차려 보세요… 자, 당신의
     한 부분은 모든 것을 알아차리고 있어요.

그런 후 상담자는 무대 쇼 비유를 보여 주면서 이 활동을 마무리
한다.

상담자: 삶은 어떤 면에서 무대 위의 쇼와 같아요. 무대 위에는 당신의 모든 생각과 감정, 당신이 보고, 듣고, 만지고, 맛보고, 냄새를 맡을 수 있는 모든 것이 올라가 있어요. 그리고 당신의 한 부분은 한 걸음 물러나서 그 쇼를 감상합니다. 어떤 한 부분을 확대해서 자세하게 볼 수 있기도 하고, 뒤로 물러서서 큰 그림을 볼 수도 있어요. 이렇게 할 수 있는 당신의 한 부분을 명명하는 쉬운 용어를 찾기가 어렵네요. 우리는 그런 당신을 관찰적 자기라고 부르지만 당신이 편한 대로 다르게 부를 수도 있어요.

이 두 개입의 좋은 점은 어느 다른 마음챙김 활동을 하고 있더라도 관찰적 자기를 발달시키기 위해 이 개입들을 간단하게 포함시킬 수 있다는 것이다. 예를 들어, 마음챙김 식사하기 활동에서 "혀에 느껴지는 음식의 맛을 알아차려 보시고, 알아차리는 자신을 알아차려 보세요."라는 지시를 추가할 수 있다. 유사하게 탈융합 활동에서도 우리는 "당신의 생각이 흘러가는 것을 알아차려 보시고, 알아차리는 자신을 알아차려 보세요."라고 말할 수 있다. 마찬가지로 무대 쇼 비유도 모든 마음챙김 활동의 시작 혹은 마무리 단계에 들어갈 수 있다.

관찰하는 자기에 대한 내담자의 저항 다루기

다음에 제시된 축어록은 내담자들이 어떤 식으로 관찰하는 자기에 대한 저항, 무시 혹은 어려움을 보이는지 살펴보고, 상담자가 어떻게 반응하면 좋을지에 대한 예시를 보여 준다.

내담자: 이해가 안 돼요. 선생님이 무슨 말씀을 하고 계시는지 모르겠어요. 도대체 그게 뭔가요?

상담자: 네, 지금 당신이 얼마나 혼란스러운지 알아차리시겠지요?

내담자: 네.

상담자: 약간의 좌절감과 짜증도 알아차리시겠지요?

내담자: 네.

상담자: 고개를 끄덕이면서 "네."라고 대답하는 자신도 알아차리시겠어요?

내담자: 네.

상담자: 지금 앉아 있는 당신의 자세도 알아차리시겠지요?

내담자: 네.

상담자: 그리고 '이 선생님은 도대체 요점을 언제 이야기해 주시나?'라고 생각하는 자신을 알아차리시겠어요?

내담자: 네.

상담자: 좋아요. 그것이 모든 것을 알아차리는 당신의 관찰하는 자기예요. 그게 다랍니다. 마술을 부리거나 신비스러운 면이 전혀 없어요. 그저 주목하고 알아차리는 자기가 관찰하는 자기예요.

내담자: (놀라고 후련해 보인다.) 아…….

상담자: 지금 그 후련함을 알아차리시겠어요? (내담자가 싱긋 웃는다.)

◆　◆　◆

내담자: 그런데 어디에 있는 거예요?

상담자: 위치는 없어요. 당신의 뇌를 찍어 보아도 발견할 수 없어요. 당신 마음대로 이게 어디에 있을지 생각해 보아도 되지만, 그냥 이건 그런

생각들을 알아차리는 당신의 한 부분이에요.

내담자: 말도 안 돼요.

상담자: 지금 이 말들이 당신에게 전혀 이해가 안 되는 것을 알아차리시겠어요?

내담자: 네.

상담자: 그리고 이해해 보려고 하는 자신도 알아차리시겠지요? (바로 앞의 축어록에서처럼 "…알아차리시겠어요?" 질문을 계속한다.)

내담자: 그런데 그건 그냥 제 마음 아닌가요?

상담자: 음, 그렇게 말할 수도 있겠지요. 하지만 지금 저희가 하려고 하는 건 마음의 다른 두 부분을 인식하려고 하는 거예요. 생각을 하고 있는 '생각하는 자기'와 그것을 관찰하는 '관찰하는 자기' 말이에요.

내담자: 이해가 안 돼요. 둘 다 똑같은 것 같은데요. 다른 두 부분이라고 생각되지가 않아요.

상담자: 엄격하게 말하자면 당신이 옳아요. 마음을 꺼내서 '생각하는 자기'와 '관찰하는 자기'로 따로 나눌 수 없을 거예요. 하지만 다시 한 번 볼까요? 지금 당신은 여기에 대해서 열심히 생각하고 있지요?

내담자: 네.

상담자: 그리고 당신이 열심히 생각하고 있다는 것을 알아차리고 있지요?

내담자: 네.

여기서 상담자는 다시 바로 앞의 축어록에서처럼 "…알아차리시겠어요?" 질문을 계속한다.

◆ ◆ ◆

내담자: 제 마음이 제가 아니라면 저는 누구인가요?

상담자: 당신은 신체적인 자기인 몸, 생각하는 자기인 마음 그리고 그 몸과
마음을 알아차리는 관찰하는 자기로 이루어진 하나의 생명체이죠.
물론 그렇게 부분, 부분 나누어져 있지는 않지만 당신을 이루고 있
는 것들을 말로 설명하자면 그래요. 병원에 가서 장치로 당신을 스
캔한다고 해도 '생각하는 자기' '관찰하는 자기' '신체적인 자기'로
따로 나누어 볼 수는 없어요. 당신은 마음과 몸과 관찰자로 이루어
진 하나의 존재이죠.

◆ ◆ ◆

내담자: (오만하고 비꼬는 투로) 그게 무슨 대단한 이야기라고! 그래서 뭐가
어떻다는 건데요?

상담자: 어떻다는 거냐고요? 좋은 질문이에요. 저는 대체로 사람들이 자신
이 어떻게 작동하는지 알고 싶어 한다는 생각을 하고 있어요. 그래
서 저는 그들이 관찰하는 자기에 대해서 인식할 수 있도록 도와주
지요. 그것은 우리 모두 안에 있는 매우 강력한 자원이거든요. 우리
가 마음챙김을 수행할 때 항상 사용하는 것이고요. 이에 대해 별로
관심이 없으셔도 괜찮아요. 요점은 당신이 이것을 흥미롭게 생각
하든 안 하든 관찰하는 자기는 항상 존재하고 있다는 것이고, 우리
의 상담 회기에서 계속 사용할 거라는 거예요. 하지만 앞으로 이것
에 대해 언급하지 않는 것을 선호하신다면 그렇게 하도록 할게요.

실험

- 알아차리고 있다는 것을 알아차리기 활동과 무대 쇼 비유를 연습하라. 개인적으로 먼저 시도해 본 후, 내담자를 만날 때 상담 회기에 적용해 보라.
- 이 장에 나오는 상담자 반응들을 다시 읽어 보고 연습하라. 상담 회기에서 사용할 수 있도록 당신만의 스타일에 맞게 수정해 보라.
- '자기 관련 문제'를 가지고 있는 내담자들을 몇 명 생각해 보고 그들의 문제를 미성숙한 자기, 분리된 자기, 꼬리표가 붙여진 자기로 구분 지어 생각해 보라. 각 수준에서 어떻게 개입을 하면 좋겠는가?

제12장
내담자에게
동기 부여하기

전혀 동기 부여가 안 되고 의욕이 없는 내담자를 만나 본 적이 있는가? (맞다. 이건 그냥 수사적 질문이다!) 이 장에서는 의욕이 없는 내담자에게 동기를 부여할 수 있는 10가지 강력한 전략들을 살펴보자.

① 목표를 가치와 연결시키기
② 효과적으로 목표 설정하기
③ 천천히, 조금씩 진행하기
④ 채찍 대신 당근 사용하기
⑤ 장애물 예상하기
⑥ 손실에 대해 직면하기
⑦ 기꺼이 하는 마음 함양하기
⑧ '이유 대기'로부터 탈융합하기
⑨ 사회적 지지 모으기

⑩ 상기시켜 주는 메모 사용하기

각 전략을 살펴보기에 앞서 현재의 목표를 이행하는 것을 반복적
으로 실패하고 있는 내담자를 만나고 있다고 가정해 보자. 여기서 목
표란 마음챙김 기술(예: 마음챙김 호흡하기, 하늘에 떠 있는 구름처럼 생
각이 떠돌아다니고 있다고 상상하기)을 적극적으로 연습하는 것일 수도
있고, 다른 중요한 생활 기술(예: 자기주장하기, 문제 해결하기, 갈등 해
결하기)을 습득하는 것일 수도 있으며, 특정 가치와 연결된 행동(예:
데이트 신청하기, 취업 원서 내기, 헬스장 가기)을 시작하는 것일 수도 있
다. 또한 다음 전략들로 넘어가기에 앞서 우선적으로 이미 이 내담자
들의 어려움과 변화에 대한 스트레스를 따뜻하고 존중하는 태도로
타당화해 주었다고 가정해 보자.

전략 1: 목표를 가치와 연결시키기

가치는 새로운 기술을 연습하고 어려운 목표를 추구해 나가는 작
업이 아무리 지겹고 불안하더라도 계속해서 시도하도록 하는 깊
은 동기를 제공할 수 있다. 그렇게 하기 위해 우리는 우선 내담자에
게 "다시 한 번 확인해도 될까요? 이게 당신에게 정말 중요한 것인가
요?"라고 물어볼 수 있다. 내담자가 중요하지 않다고 대답을 한다면
"그럼 우리가 지금 왜 그것을 위해 시간을 쓰고 있지요? 당신에게 정
말 중요한 것으로 넘어갑시다."라고 말할 수 있다.

내담자가 중요하다고 대답한다면 우리는 "신기하네요. 이게 왜 중요한지 말씀해 주시겠어요? 얼마나 중요하기에 이렇게까지 하시려고 하는지 궁금해요."라고 반응할 수 있다. 궁극적으로 특정 행동이 어떤 목적을 위함인지를 명료하게 밝히는 것이 좋다. 예를 들어, 우리는 이 책 각 장의 마지막에 나오는 '실험' 활동을 왜 하려고 할까? 어떤 가치가 기저를 이루고 있는가? 누군가를 돌보고, 연결됨을 느끼고, 기여하고자 하는 가치 때문인가? 다른 사람을 돕고 세상에 긍정적인 변화를 가져오고 싶어서인가? 새로운 행동을 개인적으로 의미 있는 것과 연결시킨다면 그 행동을 실제로 실천할 확률은 더 높아진다.

전략 2: 효과적으로 목표 설정하기

여러 연구 결과, 우리가 효과적으로 목표를 설정하면 그 목표를 실제로 완수할 확률이 유의미하게 높아진다. 효과적인 목표 설정을 위한 가이드라인은 다음과 같이 SMART라는 두문자어로 정리된다.

S = Specific(구체적인): "구체적으로 어떤 행동을 하실 건가요?"

M = Meaningful(의미 있는): "이것은 어떤 가치를 위해 하는 행동인가요?"

A = Adaptive(적응적인): "이 행동은 어떤 의미에서 당신 삶에 적
  응적인가요? 이점은 어떤 것들이 있을까요?"
R = Realistic(현실적인): "지금 당신이 가지고 있는 자원(시간, 에
  너지, 돈, 건강, 사회적 지지)으로 달성 가능한 목표인가요?"
T = Time-framed(명시된 시간): "이 행동은 어느 요일, 어느 날,
  몇 시에 하실 수 있나요? 얼마 동안 하실 건가요?"

Specific(구체적인): 모호하고 구체적이지 않은 목표(예: "이번 주에는
정말 제 아이들을 위해 시간을 낼 거예요.")는 제대로 완수했는지를 확인
하는 것이 어렵다. 우리는 내담자가 구체적인 목표를 설정하는 것을
도와주거나 이미 모호하게 잡혀 있는 목표를 구체화하는 것(예: "이번
금요일에는 4시에 퇴근해서 아이들과 함께 공원에서 농구를 할 거예요.")
을 도울 수 있다.

Meaningful(의미 있는): 의미가 없는 목표(즉, 가치와 부합하지 않는)라
면 신경 쓸 이유가 없다. 우리는 내담자가 의미 있는 새로운 목표를
세울 수 있도록 돕거나 현재 목표를 가치와 명료하게 연결하여(예:
"이걸 하게 되면 당신이 원하던 대로 사랑이 많고 따뜻한 엄마가 될 수 있지
않을까요?") 더 의미 있는 목표가 될 수 있도록 도울 수 있다.

Adaptive(적응적인): 만약 목표가 효율성이 떨어진다면, 즉 보상보다
손실이 더 크다면 우리는 먼저 내담자가 이것을 깨닫게 한 후 목표를

수정하도록 도울 수 있다. 예를 들어, 내담자의 가치는 '정의'인데, 목표는 '나를 함부로 대하는 사람들 때리기'라면 이것은 명백하게 부적응적인 목표이다. 어떤 목표 행동의 보상에 대해 명확히 함으로써 내담자가 확실히 기억할 수 있도록 다시금 상기시켜 주는 것이 좋다. (예: "이 마음챙김 기술을 연습하면 불안에 싸이는 상황을 조금 더 효과적으로 다룰 수 있을 거예요.")

Realistic(현실적인): 내담자의 목표가 현실적이지 않을 경우, 우리는 내담자가 가지고 있는 자원을 고려하여 목표를 수정해 주어야 한다. 만약 내담자의 자원을 고려했을 때 수정하는 것조차 불가능한 목표라면 잠시 그것을 밀어 두고 새로운 목표를 설정할 수 있도록 안내해야 한다. 그 새로운 목표는 원래 목표와 연관된 것일 수도 있고, 아니면 그 원래 목표를 달성하기 위해 필요한 자원을 얻는 것일 수도 있다.

Time-framed(명시된 시간): 목표를 이행할 수 있는 날짜, 시간, 기간 등을 정해 놓는 것은 목표가 더욱 구체성을 띨 수 있도록 한다.

전략 3: 천천히, 조금씩 진행하기

머나먼 여행도 단순한 첫 걸음 하나로 시작한다. 만약 내담자의 목표가 너무 크다고 느껴지면 그것을 조금 더 작게 만들어 줄 필요가 있다. 어떤 기술을 10분 동안 연습하는 것이 너무 과하다면 5분으로 줄여 줄 수 있다. 매일 하는 것이 비현실적일 것 같다면 이틀에 한 번, 3일에 한 번 시도해 보는 것을 제안할 수 있다.

심리학자 커크 스트로샐(Kirk Strosahl)로부터 배운 유용한 질문 하나를 소개하고자 한다. 내담자와 SMART한 목표를 설정한 후 "0점은 '이걸 할 가능성이 전혀 없다.'이고 10점은 '무슨 일이 있더라도 이건 꼭 할 것이다.'라면 지금 그 행동은 몇 점 정도 줄 수 있나요?"라고 질문할 수 있다. 내담자가 7점 이하로 답한다면 조금 더 작고 쉬운 목표로 바꾸는 것이 좋다.

전략 4: 채찍 대신 당근 사용하기

많은 내담자는 혹독한 자기비판적인 태도로 스스로를 채찍질하려고 한다. 그런 내담자들에게 나는 "스스로 채찍질하는 게 당신의 행동 변화를 위해 효과적인 방법이라면 지금쯤 당신은 완벽해져 있어야 하지 않나요?"라고 묻는다.

우리는 내담자에게 '채찍을 내려놓고' 과도한 기대와 혹독한 자기 평가로부터 벗어나 자기수용과 자기연민을 수행하는 법을 가르칠 수 있다. 그런 후 내담자의 행동을 가치와 연결시켜 주고 가능한 긍정적인 결과를 살펴보면서 '당근'을 만들어 내는 것을 도울 수 있다. 예를 들어, "이 행동을 한다면 무엇을 위해 하는 것일까요?" 혹은 "이 행동을 한다면 장기적으로 얻어지는 이득은 무엇일까요?"라고 질문할 수 있다.

또 우리는 내담자가 올바른 방향으로 내딛는 모든 작은 걸음을 스스로 인정할 수 있도록 돕길 원한다. 즉, 내담자 스스로 자신의 행동을 긍정적으로 강화할 수 있는 방법을 보여 줘야 한다. 우리는 그녀가 스스로 하고 있는 것에 주목하여 그렇게 했을 때 삶에서 일어나는 변화를 알아차릴 것을 격려하고, 그것들을 해냈을 때 스스로를 보상할 수 있는 방법을 찾도록 격려할 수 있다. 여기서 말하는 보상은 한 일에 대해 일기에 적거나, 진전에 대해 지지적인 다른 사람에게 보고하는 것, 혹은 스스로에게 "잘했어. 또 해냈다!"라고 이야기하는 것처럼 단순하고 작은 것일 수도 있다.

전략 5: 장애물 예상하기

내담자가 어떤 목표를 이행하기로 결심했다면 "그것을 해내는 데 걸림돌이 될 수 있는 것들이 무엇이 있을까요?"라고 질문해 주는 것이 도움이 된다. 장애물을 미리 예상하는 것은 최선의 무장이라는 말도 있듯이 말이다. 행동 실천에 걸림돌이 될 수 있는 것들을 확인했다면 어떻게 그것들을 넘어갈 수 있을지를 계획해야 한다. 예를 들어, "당신 주위에 있는 중요한 사람들이 당신이 이렇게 행동하는 것을 반대할 수도 있나요?"라고 물어볼 수 있다. 내담자가 그렇다고 대답한다면 우리는 회기 내에서 내담자가 그 사람들에게 효과적으로 자기주장을 할 수 있는 법을 연습하도록 할 수 있다. 아니면 "돈이 문제가 될 수 있나요?"라고 물은 후 내담자가 그렇다고 대답한다면 필요한 돈을 어떻게 구할 수 있을지에 대해 해결책을 함께 모색해 보거나, 돈이 문제가 되지 않을 다른 목표로 변경할 수 있다.

이외에도 목표 이행에 흔하게 나타나는 어려움은 제한된 시간과 에너지를 필요로 하는 활동들이다. 그런 경우에 우리는 내담자에게 "당신의 목표를 달성하기 위해서 필요한 시간과 에너지를 얻어 낼 수 있도록 어떤 것들을 거절하거나 포기하거나 줄일 수 있을까요?"라고 물어볼 수 있다.

물론 가끔은 정말 피할 수 없는 걸림돌들이 나타나기도 한다. 그런 경우에 우리는 내담자가 다른 목표를 설정하고, 어쩔 수 없는 실망감과 좌절감을 위한 마음의 공간을 만들 수 있도록 도와야 한다.

전략 6: 손실에 대해 직면하기

앞서 채찍 대신 당근을 사용하는 것을 강조하였지만, 가끔은 목표를 이행하지 않았을 때의 손실에 대해 현실적으로 깊이 있게 접촉하는 것이 필요하다. 그런 경우에 우리는 내담자에게 따뜻하고 부드럽게 다음과 같은 질문을 할 수 있다. "당신이 지금 하고 있는 대로 계속하게 되면 건강, 웰빙, 관계적 측면에서 어떤 손실이 있을까요? 무엇을 놓치게 될까요? 앞으로 1년 후 당신의 삶은 어떤 모습일까요? 2년 후, 10년 후에는?"

여기서 우리는 다시 효율성에 대한 질문을 하지 않을 수 없다. 우리는 내담자가 행동을 취하지 않을 때 얻는 큰 보상(주로 불편한 감정을 피할 수 있음)을 타당화해 줄 수 있다. 하지만 장기적으로는 그런 행동이 그가 삶에서 진정으로 원하는 것들을 주지 않을 것이라는 점을 내담자가 깨달을 수 있도록 도와야 한다.

전략 7: 기꺼이 하는 마음 함양하기

새로운 기술을 연습하는 일은 대개 지루하고 따분한 일이며, 우리를 안전지대로부터 벗어나게 하는 목표들을 추구하는 것은 상당한 불안을 야기한다. 따라서 내담자들은 불편함을 위한 마음의 공간을 만들기를 꺼려 하여 행동을 취하지 않는 경우가 비일비재하다. 그런 경우에 우리는 내담자에게 "정말 중요한 것을 하기 위해서 어느 정도의 불편함을 기꺼이 느낄 준비가 되어 있나요?" 혹은 "과녁의 중심으로 가까이 움직이기 위해서는 손에 땀이 나고, 배가 조여 오는 듯하기도 하고, 가슴이 답답해지거나, 무시무시한 생각으로 가득 찰 수 있는데, 그래도 그렇게 하시겠어요?"라고 질문할 수 있다. 물론 이것은 첫 번째 전략인 목표와 가치 연결하기와 중복되는 측면이 있다.

내담자가 목표를 달성하기 위해서 어쩔 수 없이 겪어야 하는 불편함을 기꺼이 허용하지 않으려고 한다면 우리는 먼저 수용 기술 작업을 하거나, 목표와 가치를 더욱 명확하게 연결시켜 주거나, 불편함을 덜 느낄 수 있는 조금 더 쉬운 목표를 설정해 주는 것이 필요하다.

전략 8: '이유 대기'로부터 탈융합하기

나는 종종 내담자에게 "마음은 이유를 제공하는 기계입니다. 그렇기 때문에 우리가 안전지대에서 약간 벗어나는 행동을 하려고 생각만 했을 뿐인데도 마음은 순식간에 왜 우리가 할 수 없는지, 해서는 안 되는지, 하지 않아도 되는지 등에 대한 이유를 쏟아 냅니다. '너무 피곤하잖아. 너무 바빠. 중요하지 않아. 너무 어려워. 난 그럴 만한 사람이 못 돼. 할 수 없어. 실패할 거야. 너무 불안해.' 등의 핑계를 댑니다. 마음이 이런저런 핑계를 쏟아 내지 않는 날을 기다렸다가 정말 삶에서 중요한 것들을 하겠다고 생각해 버리면 우리는 평생 하지 못할 것입니다."라고 말한다. 이유 대기와 융합되어 있어서 행동을 취하지 못하고 있다면 우리는 당연히 탈융합 작업을 해야 한다. 예를 들어, 내담자가 스스로에게 "아, 너 또 왔구나. '난 할 수 없어.' 이야기 … 마음아, 고마워!"라고 말하는 것을 권장할 수 있다.

전략 9: 사회적 지지 모으기

사회적 지지는 대체로 매우 큰 동기 부여의 근원이다. 내담자에게 자신의 열망과 성취에 대해 나눌 수 있는 배우자, 친구, 친척, 동료, 이웃이 있는지 살펴보라. 내담자를 격려해 주고 지지해 줄 수 있는 사람이 있는가? 내담자의 성공을 인정해 주고 힘을 불러일으킬 수 있

는 사람이 있는가? 이런 목적을 위해 내담자가 들어갈 수 있는 집단
이나 수업이 있는가? 내담자가 함께 조깅을 할 수 있는 운동 파트너
나 숙제를 할 때 옆에서 도와줄 수 있는 친구를 찾을 수 있는가?

전략 10: 상기시켜 주는 메모 사용하기

　자신의 목표를 쉽게 잊어버리는 내담자들이 있다. 이런 경우에 우
리는 현재 목표를 종이에 적어서 내담자가 집에 갈 때 가져갈 수 있
도록 할 수 있다. 그 외에 내담자의 목표를 상기시켜 줄 수 있는 장치
들을 모색해 볼 수 있다. 컴퓨터에 메모 창을 띄우거나, 스마트폰에
알람을 맞추어 놓거나, 달력 혹은 일기장에 적어 놓을 수 있는가? 또
주위에 있는 사람들한테 상기시켜 달라고 요청해 둘 수 있는가? 아니
면 붙임쪽지에 적어 거울, 냉장고, 자동차 계기판 등에 붙여 놓을 수
있는가? 손목시계에 스티커를 붙여 놓거나, 고무 팔찌에 목표를 적어
놓거나, 열쇠고리에 달아 놓아 그 물건들을 볼 때마다 목표에 대한
상기가 될 수 있도록 할 수 있는가?

　또 다른 방법은 일상 속에서 반복적으로 일어나는 사건들 앞뒤로
행동 계획을 실천하기로 하면 도움이 될 수 있다. 예를 들어, 마음챙
김 호흡 활동을 저녁 식사 후 10분 뒤에 매일 시작하기로 하거나, 아
침에 알람이 울리면 기상 후 바로 시작하기로 할 수 있다. 이렇게 목
표를 실천할 수 있는 시간을 설정해 놓으면 다른 활동과의 시간 갈등
을 미리 방지할 수 있다.

실험

- 여기에 나오는 몇 가지 전략들을 먼저 당신의 삶에 적용해 보고 어떤 효과가 있는지 살펴보라.
- 지금 만나고 있는 내담자 중 의욕이 없는 사람을 떠올려 보고 그 내담자를 위해 어떤 전략이 가장 도움이 될지 미리 생각해 보라. 그 전략을 어떤 방식으로 내담자에게 소개할지를 생각해 보고 다음 회기에서 시도해 보도록 하라.
- 이 장의 내용을 내담자를 위한 조언 목록으로 재구성해 놓은 것이 있다. www.actmindfully.com.au의 자료실로 가면 무료로 내려받을 수 있다. 의욕이 없는 내담자와 목록을 읽어 보고, 내담자에게 도움이 되는지 살펴보라.

제13장

딜레마 작업하기

우리는 종종 어려운 딜레마 상황에 처하게 된다. "이 관계를 계속 지속해야 할까, 아니면 이별을 해야 하나?" "이 직장을 떠나, 말아?" "이 수업을 들을까, 저 수업을 들을까?" "수술을 받아야 하나, 말아야 하나?" "자녀를 가지려고 노력을 해야 하나, 말아야 하나?" "직장 생활에 집중을 하는 것이 맞을까, 가족에 조금 더 집중하는 것이 좋을까?"

이런 상황에서 우리의 마음은 '옳은' 선택을 하기 위해 어느새 질주하고 있다. 문제는 우리가 선택을 하기까지 가끔은 몇 날 며칠, 몇 주, 몇 달, 몇 해가 지나갈 수 있다는 것이다. 그때까지 우리는 어두컴컴한 불안 속에서 끊임없이 "해, 말아?"를 고민하며 지금 여기에서의 삶에서 많은 것을 놓치며 살아가게 된다.

내담자가 힘든 딜레마 상황에 놓여 있을 때 우리는 직접 나서서 내담자의 문제를 해결해 주고 싶은 마음에 낚일 수 있다. 내담자는 힘들어하고, 우리는 그런 내담자를 돕고 싶기 때문에 이건 매우 자연스러운 현상이다. 우리가 딜레마 상황을 해결할 수 있다면 내담자의 고통은 멈출 것이다. 따라서 우리의 마음은 문제 해결 모드를 활성화시키고, 딜레마 상황을 파헤쳐서 그것을 깔끔히 해결할 수 있는 단순한 해결책을 찾으려고 노력한다.

불행히도 그런 우리의 노력은 좌절되는 경우가 많고, 우리가 아무리 찾으려고 노력해도 깔끔하고 단순한 해결책은 없다. 결국 우리는 내담자와 똑같이 막막함을 느끼게 된다. 따라서 이 장에서는 어느 딜레마 상황에서든 사용할 수 있는 10단계 접근을 제시한다. 이 접근은 내담자의 딜레마 상황이 해결되든 안 되든 내담자가 더욱 활력 있는 삶을 살 수 있도록 도와줄 것이다.

① 즉효약은 없다는 것 확실히 하기
② 손실과 이득 분석하기
③ 완벽한 해결책은 없다는 것을 깨닫게 하기
④ 선택을 하지 않는다는 것은 불가능한 일임을 설명하기
⑤ 오늘의 선택을 인정하도록 요청하기
⑥ 자신의 입장 표명을 하도록 격려하기
⑦ 돌아볼 수 있는 시간을 갖도록 권장하기
⑧ 이야기에 이름을 붙이도록 돕기
⑨ 확대를 연습할 수 있도록 격려하기
⑩ 내담자가 자기연민 능력을 키울 수 있도록 돕기

단계 1: 즉효약은 없다는 것 확실히 하기

내담자가 삶에서 큰 딜레마 상황에 놓여 투쟁하고 있다면 그 회기 내에서 해결하는 것이 불가능할 것이다. 먼저 내담자가 이 현실을 받아들일 수 있도록 도와주어야 한다. "오늘 회기 중에 이것에 대한 최종 결정을 내릴 가능성은 매우 희박할 것 같네요. 일어날 수도 있지만 거의 불가능해요."라고 말할 수 있다.

단계 2: 손실과 이득 분석하기

가끔 우리는 고전적인 손익 분석을 통해 딜레마 상황을 해결할 수 있다. 즉, 각 선택에 대한 모든 손실과 이득을 적어 보는 것이다. 만약 내담자가 이미 이것을 해 보았고 도움이 되지 않았다 하더라도 괜찮다. 적어도 해 보긴 해 보았으니까. 하지만 아직 해 보지 않았거나, 건성으로 했거나, 그냥 머릿속으로 해 보았다면 종이에 적어 보는 방법으로 해 볼 것을 꼭 권장한다. 각 선택에 대한 모든 가능한 손실과 이득을 컴퓨터나 종이에 적어 보는 것은 그냥 머릿속으로 생각해 보는 것이나 친구와 이야기하는 것과는 매우 다른 경험이며, 종종 이렇게 한 후 최종 결정을 내릴 수 있게 된다. 하지만 불편한 진실은 딜레마가 어려울수록 이 방법도 큰 도움이 되지 않는다는 것이다. 왜? 둘 중 하나의 선택이 명백히 다른 선택보다 더 나은 것이라면 그건 처음부터 딜레마가 아니지 않은가!

단계 3: 완벽한 해결책은 없다는 것을 깨닫게 하기

다음으로 우리는 내담자에게 완벽한 해결책은 없다는 것을 깨닫게 돕는 것이다.

상담자: 이 딜레마를 위한 완벽한 해결책은 없어요. 만약 있었더라면 처음부터 당신에게 이런 갈등은 없었겠지요. 그렇기 때문에 당신이 어떤 선택을 하든지 불안을 느낄 수밖에 없고, 당신의 마음은 끊임없이 '이건 틀린 결정이야.'라고 말하면서 그것을 하지 말아야 하는 이유를 모두 끄집어낼 거예요. 만약 그런 불안과 틀린 결정이라는 생각이 전혀 없어질 때까지 기다린다면 음… 아마도 당신은 평생 기다리게 될 겁니다."

단계 4: 선택을 하지 않는다는 것은 불가능한 일임을 설명하기

다음 단계는 내담자로 하여금 어떤 딜레마 상황이든 자신이 벌써 어떤 선택을 하고 있다는 것을 깨닫도록 하는 것이다.

상담자: 이 상황의 특이한 점은 선택을 하지 않는다는 것은 불가능한 일이라
　　　　는 것입니다. 매일 고민을 하면서도 그 직장을 떠나지 않는 경우, 당
　　　　신은 사실 그 직장에 머물러 있기로 선택을 한 것이라는 거예요. 퇴
　　　　직서를 제출하기 전까지는 당신은 거기 있기로 선택한 것이에요.

　이 접근은 많은 시나리오 상황에서 적용될 수 있다. 관계 속에서
의 딜레마라면 "배우자를 떠나지 않고 있는 동안에는 결국 당신은 떠
나지 않기를 선택한 것이에요. 짐을 싸서 집을 떠나는 날이 올 때까
지는 거기 머물러 있는 거지요."라고 말할 수 있다. 의료 상황에서는
"수술 동의서에 사인을 하지 않고 있는 동안에는 결국 수술을 하지
않기로 선택을 하고 지내는 거예요."라고 말할 수 있다.
　하지만 만약 딜레마 상황이 '직장 생활 대 가족'과 같다면 이것은
사실상 시간 분배에서의 갈등일 수 있다(제7장 참조). 여기에서도 내
담자는 매일(매주, 매달 등) 선택을 할 수 있다. 가족과는 몇 시간을 보
내고, 직장에서는 몇 시간을 보낼 것인가?

단계 5: 오늘의 선택을 인정하도록 요청하기

　내담자가 이미 어떤 선택을 하고 있다는 것을 설명했다면 이제 내
담자가 자신이 선택하고 있는 것을 인정하도록 요청해야 한다.

상담자: 자, 그럼 매일 하루를 열면서 당신이 선택하고 있는 것을 인정하는

것으로 시작하는 것은 어떨까요? 예를 들어, 아침에 일어나서 스스로에게 "그래, 오늘 24시간 동안에는 이 관계에 머물러 있기로 선택하겠어."라고 말이에요.

이 예시를 토대로 다음과 같이 각각의 딜레마 상황에 맞는 버전을 만들어 보아라. "오늘 24시간 동안에는 피임약을 사용하기로 선택하겠어." "앞으로 7일 동안은 이 직장에 남아 있기로 선택하겠어." "이번 한 주 동안 X시간은 직장에서 보내고, Y시간은 가족과 함께 보내도록 결정하겠어."

단계 6: 자신의 입장 표명을 하도록 격려하기

다음은 내담자가 자신의 가치에 맞는 입장을 취할 수 있도록 격려하는 단계이다. 내담자는 이미 어떠한 선택을 하고 있지만 그 선택이 가치와 부합하다는 것을 느낄 때 더 큰 활력과 안녕감을 느낄 수 있다.

상담자: 자, 이제 당신이 선택을 하였으니 앞으로 24시간 동안 어떤 입장을 취하겠습니까? 삶의 영역에서는 어떤 가치를 위해 살아가고 싶나요? 당신이 이 관계를 하루 더 유지하게 될 텐데, 그 하루 동안 어떤 배우자가 되고 싶은가요?

다른 상황에 맞게 앞의 질문을 바꾸어 본다면 "당신이 그 직장을 하루 더 다니기로 하셨는데, 그 하루 동안은 어떤 직원이 되고 싶은 가요?" 혹은 "하루 동안 수술을 하지 않기로 선택하셨는데, 그럼 그 24시간 동안 어떻게 시간을 보내고 싶은가요?"가 있을 수 있다.

가족 대 직장 시나리오에서는 "가족과 함께 보내기로 한 시간 동안 에는 어떤 부모가 되고 싶은가요? 그리고 직장에서 보내기로 한 시간 동안에는 어떤 직원이 되고 싶은가요?"가 있을 수 있다.

단계 7: 돌아볼 수 있는 시간을 갖도록 권장하기

다음은 내담자가 주기적으로 그 상황에 대해 주의 깊게 돌아볼 수 있는 시간을 확보해 둘 것을 제안한다. 이것을 하는 가장 좋은 방법 은 단계 2에서처럼 일기나 컴퓨터에 각 선택에 대한 손실과 이득을 적어 보도록 하고, 지난번에 했을 때와 다른 점은 없는지 살펴보도록 하는 것이다.

또 둘 중 하나를 선택해서 가기로 결정했을 때 자신의 삶의 모습이 어떨지 상상해 보도록 격려할 수 있다. 예를 들어, 가족 대 직장 딜레 마 상황에서 가능한 경로 하나는 매주 30시간을 가족과 함께 보내고 50시간을 직장에서 보내는 것이고, 또 다른 경로는 매주 40시간을 가 족과 보내고 동일하게 40시간을 직장에서 보내는 것일 수 있다.

대부분의 경우, 일주일에 세네 번, 10~15분 동안 돌아볼 수 있는 시간을 갖는 것으로 충분하다. 하지만 내담자가 자유롭게 선택할 수 있도록 한다. 여기서 중요한 점은 그 시간이 마음챙김에 기반하여 상황을 돌아보는 시간이어야 한다는 점이다.

상담자: 상황을 돌아보는 과정이 효과적이려면 TV를 보거나, 집안일을 하거나, 운전을 하거나, 운동을 하거나, 요리를 하는 등 다른 일을 하면서 하지 않는 것이 중요합니다. 이 시간의 목적은 당신 혼자 조용히 앉아서 각 선택에 대해 좋은 점과 나쁜 점을 생각해 보고, 펜과 종이 혹은 컴퓨터를 사용하여 적어 보는 것 외에는 아무것도 하지 않는 것입니다. 이 시간의 길이는 당신이 필요한 만큼 정할 수 있지만 대부분의 사람의 경우, 일주일에 세네 번, 10~15분 동안이면 충분합니다.

단계 8: 이야기에 이름을 붙이도록 돕기

그 다음은 내담자를 걱정과 반추하기 혹은 '분석 마비'에 빠지도록 만드는 도움이 되지 않는 생각들로부터 탈융합할 수 있도록 돕는 것이다. 이 단계를 위한 효과적인 방법은 이야기에 이름을 붙이는 것이다.

상담자: 하루 동안 당신의 마음은 그 딜레마에 대한 생각으로 당신을 끌어들여 계속 고민하게끔 만들려고 할 거예요.
내담자: 맞아요. 정말 그래요.

상담자: 그렇지요. 그건 자연스러운 현상이에요. 그렇지만 그런 고민이 정
　　　　말 도움이 되었다면 지금쯤 그 딜레마가 해결되어 있겠죠, 그렇죠?

내담자: 그랬겠지요.

상담자: 벌써 얼마나 많은 시간을 이에 대해 고민하면서 보내셨어요?

내담자: 수백 시간은 생각했겠지요?

상담자: 맞아요. 혹시 '이야기에 이름 붙이기' 기법 기억나세요?

내담자: 네. 꽤 도움이 됐었어요.

상담자: 좋아요. 그럼 다시 그 기법을 사용하면 좋겠어요. 당신의 마음이 다
　　　　시 당신을 그 고민에 빠트리려고 하면 스스로 "아, 또 그 이야기구
　　　　나. '떠날래 말래' 이야기. 마음아, 고맙다."라고 이야기하고, 두 발
　　　　을 바닥에 꼭 누르고 현재 순간으로 초점을 맞추세요. 그리고 의미
　　　　있는 것을 하는 데 집중을 하고요. 가끔 이런 말을 스스로 하는 것
　　　　도 도움이 돼요. "이건 나중에 돌아보는 시간에 생각할 거야."

단계 9: 확대를 연습할 수 있도록 격려하기

　내담자가 자신의 딜레마 상황에서 빠져나오기 시작하더라도 우리
는 내담자에게 불안감이 계속되는 경험을 할 것이라고 따뜻하게 상
기시켜 주는 것이 도움이 된다. 이것은 내담자가 어떤 선택을 하든지
계속 일어날 수 있는 현상이기 때문에 그런 경험을 할 때 '확대'를 연
습할 것을 격려한다. ('확대'는 '수용'의 또 다른 용어이다.) 이를 위해 우
리는 내담자가 그 감정에 숨을 불어넣어 마음을 열게 됨으로써 그 감

정이 들어갈 수 있는 공간을 만들고, 스스로 "여기 불안이 와 있네."
라고 인정하면서 "이건 정상이야. 결과가 불확실한 상황에 처한 사람
이라면 모두 이런 감정을 느끼니까."라고 스스로 안심시킬 수 있도록
안내한다.

단계 10: 내담자가 자기연민 능력을 키울 수 있도록 돕기

마지막으로 우리는 내담자가 자기연민 능력을 키울 수 있도록 도
와야 한다. 즉, 자기 자신을 부드럽게 대하고, 스스로에게 따뜻하게
이야기하고, 내담자에게 가장 잘 맞는 탈융합 기법을 통해 도움이
되지 않는 자기평가적인 마음의 재잘거림으로부터 빠져나올 수 있
도록 해야 한다. 우리는 내담자가 냉철하게 모든 확률을 분석하여
항상 '완벽한' 답을 토해 내는 최첨단 컴퓨터가 아니라, 가끔 실수도
할 수 있는 인간이라는 것을 스스로 상기시키도록 격려해야 한다.
또 이것이 매우 힘든 결정을 요하는 딜레마 상황이라는 것을 다시 타
당화한다. 결국 이게 쉬운 문제였더라면 딜레마 상황은 처음부터 없
었을 테니까!

지속적인 연습 격려하기

우리는 매일 내담자에게 앞의 10단계를 거치도록 격려한다. 시간
이 지나면 아마 하나의 선택이 더 매력적이게 될 수 있다. 또 어떤 경
우에는 어느 순간 그 옵션 중 하나가 더 이상 유효하지 않게 될 수도
있고, 그럴 때 딜레마는 사라진다.

그리고 딜레마가 해결되지 않고 계속 남아 있다면 어떻게 해야
할까? 적어도 내담자가 이 10단계를 밟게 되면 그는 더 이상 진한
심리적 스모그 속에서 불안한 미결정 상태로 헤매지 않고, 대신 마
음챙김을 연습하며 하루하루를 자신의 가치에 부합한 선택을 하면
서 살게 될 것이다.

실험

- 여기에 제시된 접근을 당신 삶에 있는 딜레마 상황에 적용해 보고 어떤
  경험인지 살펴보라.
- 어려운 딜레마 상황을 위한 10단계 활동지를 www.actmindfully.com.au의
  자료실에서 내려받은 후, 특정 내담자와 진행하기 전에 미리 연습해 보고
  상담에서 사용하라.

제14장

자신을 따뜻하게 안아 주기

ACT와 관련된 연구 중 그 어떤 연구에서도 ACT가 모든 참여자에게 효과가 있었다고 보고된 바는 없다. ACT 상담자가 옴짝달싹 못하고 끊임없는 투쟁 속에서 괴로워하고 있는 내담자를 만나는 것은 시간문제이다. 그리고 우리가 아무리 창의적으로 융통성 있게 ACT를 진행하고, 다른 방법을 찾아보고, 열정을 더 쏟아 보고, 수퍼비전이나 조언을 받아 보아도 내담자를 자유롭게 풀어 줄 수 없는 경우가 있을 수 있다.

그런 경우에 우리는 그것을 받아들이기가 매우 힘들 수 있다. 우리 또한 도움이 되지 않는 마음의 재잘거림과 융합될 수 있다. 특히, '난 무능해.' 이야기, '난 형편없는 상담자야.' 이야기, '난 이걸 해결할 만큼 똑똑하지 않아.' 이야기와 융합될 가능성이 높다. 이때 우리는 자기연민을 연습하고, 모든 부정적인 자기평가들로 벗어나고, 고통스러운 감정들을 허용할 공간을 만들고, 우리 자신에게 친절하고, 따뜻하고 지지적으로 대해야 한다.

　이것은 내담자의 경우에도 마찬가지이다. 인간이 어떤 난관에 부딪혔을 때 마음이 기본적으로 먼저 하는 것은 큰 채찍을 꺼내서 때리기 시작하는 것이다. 따라서 우리가 만나는 어려운 내담자들은 더욱 다양하고 혹독한 자기평가["나는 약해(쓸모없어, 멍청해, 가망 없어, 게을러, 바보야, 한심해 등)."]와 융합되어 있을 가능성이 높다. 이런 경우, 우리 자신이 먼저 자기연민의 태도를 가져야 하지만, 내담자도 자기연민을 연습할 수 있도록 도와주어야 한다. 우리는 이미 어려움에 빠져 있고, 우리 자신을 때리는 것은 상황을 더 힘들게 할 뿐이다. 하지만 우리가 그런 어려운 상황을 자기연민을 키울 수 있는 기회로 삼는다면 적어도 긍정적인 무언가가 얻어지게 되는 셈이다.

자기연민

　자기연민에 대해 많은 연구 업적을 남기고 있는 크리스틴 네프(Kristin Neff)에 의하면 자기연민에는 세 가지 주된 요소가 있다(Neff, 2003).

- 마음챙김(mindfulness)
- 친절함(kindness)
- 보편적 인간다움(common humanity)

마음챙김

마음챙김은 자기연민의 핵심 요소이다. 마음을 열고, 힘든 생각과 감정을 위한 공간을 만들고, 그 생각과 감정이 자유롭게 우리 안에서 오고 갈 수 있도록 하고, 그것에 매몰되거나 그것과 투쟁하지 않는 것 모두가 그 자체로 지지와 돌봄의 행동이다.

친절함

친절함은 자기연민의 두 번째 요소로 우리 자신을 따뜻하게 대할 수 있는 몇 가지 간단한 방법을 찾는 것을 포함한다. 우리는 우리 자신에게 이야기를 할 때 친절하고 배려 있는 언어를 사용할 수 있다. 예를 들어, "이건 정말 힘들지만 난 해낼 수 있을 거야." "이건 정말 고통스럽지만 고통이 아무리 커도 나는 그걸 담아낼 공간을 만들 수 있어." 혹은 "누구든 실수를 할 수 있어. 실수를 한다는 건 내가 인간이라는 걸 말해 주는 거야."라고 말할 수 있다. 또 우리는 삶을 개선하는 몸짓으로 우리 자신을 위로하고 지지할 수 있다. 예를 들어, 건강하고 맛있는 저녁을 만들어 먹고, 친한 친구들과 즐거운 시간을 갖고, 좋아하는 음악을 들으며 재미있는 책을 읽는 것으로 우리 자신을 돌볼 수 있다. 마지막으로 우리는 우리 자신을 따뜻하게 만질 수 있다. 관자놀이를 지그시 눌러 마사지를 해 주고, 뭉친 목과 어깨를 풀어 주고, 위안을 주는 손을 가슴에 얹을 수 있다.

보편적 인간다움

자기연민의 세 번째 요소는 우리의 보편적 인간다움에 대해 묵상하는 것이다. 고통과 괴로움을 느끼는 것이 다른 사람과 나를 차별하는 것이 아니라, 이러한 경험은 인간이라면 누구나 겪는 공통적인 경험이라는 것을 인정하는 시간을 갖는 것이다. 우리는 모두 고통을 받는다. 우리는 모두 난관에 부딪힌다. 우리는 삶의 우여곡절 속에서 계속해서 상처 받는 경험을 한다. 괴로움은 이상하거나 비정상적이거나 병리적인 것이 아니다. 괴로움은 그저 인간 경험의 일부분일 뿐이며, 인간 마음의 본질적인 부분이다.

마지막 방책인가, 시작점인가

모든 것을 시도해 보았는데 실패했다면(이 책에 소개된 모든 것을 상담에 적용해 보았는데 특정 내담자에게 아무런 효과가 없었다면) 우리는 상담을 통해 내담자가 자기연민을 함양할 수 있게 도와야 한다. 이것은 그 자체로 매우 중요한 작업으로, 내담자의 '어려움에 빠져 있는 상태'를 삶을 개선하는 강력한 기술로 바꾸어 준다. 그럼에도 불구하고 자기연민을 그저 마지막 방책으로만 생각하지 않는 것이 중요하다. 자기연민은 어떤 내담자들, 특히 극심한 슬픔을 경험하는 사람들에게 또 다른 시작점이 되어 주기도 한다.

ACT 모델의 어느 요소처럼 자기연민을 개발하는 방법은 매우 다양하며, 다른 ACT 책에서 쉽게 찾아볼 수 있다. 나는 '자기 자신을 따뜻하게 안아 주기(Hold Yourself Kindly)'라는 간단하지만 매우 효과적인 활동으로 이 책을 마무리 지을까 한다. 그러기에 앞서 매우 중요한 질문 하나에 대해 생각해 보자. 우리는 언제 내담자를 다른 전문가에게 의뢰해야 하는가?

의뢰해야 하는 상황

우리 자신이 모든 답을 가지고 있지 않아도 괜찮다는 것을 기억하고, 우리가 가지고 있는 기술의 제한점을 인식하고 있어야 한다. 지금 진행하고 있는 상담에서 답이 안 보이거나 사용해 본 기법이 아무런 효과가 없었다면, 그것은 우리가 보지 못하는 것이 있다는 것을 뜻한다. 그런 경우에 우리는 양질의 수퍼비전을 받아 보거나 새로운 전문가에게 내담자를 의뢰해야 한다.

어느 시점에서 의뢰하는 것이 좋은가? 물론 이 질문에도 정답은 없고 상담자마다 각자의 규칙을 만들어야 한다. 하지만 나의 경험에 근거한 규칙은 이러하다. 우선, 이 책에 나온 모든 것을 시도해 본다. 그럼에도 아무런 효과가 없으면 수퍼비전을 받는다. 그런 후에도 내담자에게 아직 발전이 없다면 다른 전문가에게 의뢰한다. 나는 대체로 의뢰하기로 결정 내리기 전에 '옴짝달싹 못 하는 상황(심리적 융통성의 증진에 아무런 변화가 없는 상태)'을 총 2회기 이상 넘기지 않는다.

자신을 따뜻하게 안아 주기

자, 이제 드디어 이 책의 끝에 도달하였다. 지금 소개하고자 하는 자기연민 활동이 당신과 당신의 내담자에게 도움이 되었으면 좋겠다. 계속 말해 왔지만 당신의 스타일로 이 활동을 수정하기를 바란다. 예를 들어, 내가 지금 제시한 상냥한 말들이 마음에 들지 않는다면 당신이 좋아하는 말로 바꾸어 쓰길 바란다. [비고: 이 활동은 저자의 다른 책『현실이 주는 상처(The Reality Slap)』(Harris, 2012, p. 80)에 나와 있는 '자기연민 활동'을 수정한 것이다.]

◆　◆　◆

당신은 현재 삶에서 어떤 문제와 투쟁하고 있나요? 무엇 때문에 괴로워하고 있나요? 그 문제와 그것이 당신에게 어떤 영향을 주고 있는지에 대해 생각해 보고, 당신의 고통스러운 생각과 감정이 올라오도록 허용해 보세요. 이 문제의 정서적인 고통과 접촉했다면 다음 4단계로 넘어가 봅시다.

단계 1: 현재에 있기

몇 초 동안 잠시 멈추고, 당신의 마음이 하고 있는 일을 알아차려 보세요. 어떤 단어와 그림이 떠오르나요?

어린아이처럼 그 단어와 그림들을 호기심을 갖고 관찰해 보세요.

그 이야기가 오래된 익숙한 이야기인지, 아니면 새로운 이야기인지도 주목해 보세요. 과거에 대한 것인가요? 현재 아니면 미래? 꼬리표나 평가, 비교, 예측을 포함하고 있나요?

떠오르는 생각에 도전하지 말고 떠밀어내지도 말아 보세요. 그냥 생각이 와서 머물러 있다가 자유롭게 떠나는 것을, 그저 지켜보세요.

또 나타나는 여러 가지 감정에 주목해 보세요. 혹시 죄책감, 슬픔, 두려움, 분노, 불안이 있나요?

감정들을 인식하면서 이름을 붙여 보세요. "여기 두려움이 있네." "이건 슬픔이구나." "이것은 죄책감이야."라고 말입니다.

또 당신이 이런 감정들을 느낄 때 당신의 몸 어느 부분에서 느껴지는지 알아차려 보세요.

고통이 가장 크게 느껴지는 신체의 부분으로 가서 호기심 어린, 개방적인 태도로 그 고통스러운 느낌을 탐색해 보세요.

그 느낌의 크기, 모양, 온도는 어떠한가요? 당신의 표면 위에 떠올라 있나요, 아니면 깊은 곳에 있나요? 아니면 당신을 아예 통과하고 있나요? 가만히 있나요, 움직이고 있나요?

뚜렷한 경계선과 모서리가 있나요? 아니면 경계선이 희미하고 불분명한가요? 몇 개의 겹이 있나요? 그 안에서 움직일 때 어떤 다른 감각들이 느껴지나요?

단계 2: 마음 열기

따뜻하고 친절한 태도로 이제 천천히 깊게 호흡을 몇 번 해 보겠습니다. 당신의 숨이 그 고통 안으로도 들어가고, 고통 주위를 맴도는 것을 상상해 보세요. 이것을 하면서 마술처럼 당신 안에서 어떤 거대한 공간이 열리는 것을 상상해 보세요. 그 고통스러운 느낌 주위로 팽창해 보세요. 고통스러운 감정에게 충분한 공간을 열어 줄 수 있게 말이에요.

그 감정과 씨름하거나 감정을 피하려고 하는 대신, 그 감정과 화해를 하세요. 투쟁을 내려놓고, 그냥 그 감정을 있는 그대로 둘 수 있는지 보세요. 감정이 자유롭게 나에게 들어와서 머물렀다가 나갈 수 있게.

당신의 몸에서 느껴지는 굳어짐, 조임, 긴장 등에 주목해 보시고, 그곳에도 숨을 불어넣으세요. 당신 안에서 올라오는 모든 것과 화해를 하세요. 마음의 모든 단어와 그림, 그리고 몸의 모든 감각과 느낌과 화해하세요.

단계 3: 당신의 고통을 따뜻하게 안아 주기

이제 당신의 손이 매우 친절하고 따뜻한 사람의 것이라고 상상해 보세요. 그 손을 당신이 지금 가장 크게 고통을 느끼고 있는 부분 바로 위에 얹어 보세요. 구체적으로 어떤 한 부분을 발견하지 못했다면 그냥 당신의 가슴 위에 손을 얹어 놓으세요.

그 손이 당신에게 지원감, 안전감, 편안함을 줄 수 있도록 부드럽게 손의 압력을 조정하세요.

당신 손의 따뜻함이 몸으로 전달되어 그 고통스러운 감정 속으로 들어가 그 주위를 맴도는 것을 알아차려 보세요.

그 고통을 부드럽게 안아 볼 수 있는지 느껴 보세요. 부드럽게, 느슨하게, 마치 울고 있는 아기나 희귀한 나비를 안듯이……

당신이 사랑하는 누군가가 고통받고 있을 때 하듯이, 자신에게 두 팔을 뻗어 따뜻하고 부드럽게 자신을 안아 보세요.

단계 4: 자신에게 따뜻하게 말하기

이제 스스로에게 따뜻한 말 몇 마디를 반복해 보세요.

스스로에게 따뜻하게 대해 주고자 하는 마음을 기억하면서 "부드러워." "따뜻해." "편하게 해."와 같은 말을 해 보세요.

"너무 고통스럽다." 혹은 "그래 힘든 거 알아, 그렇지만 할 수 있어."라고 이야기할 수도 있어요.

당신이 평소에 좋아하는 명언이나 속담을 말해도 좋아요. 당신의 고통을 하찮아 보이지 않게 하는 말로 골라 주세요.

만약 무언가를 망쳤거나 실수를 했다면 스스로에게 "나는 인간이야. 내가 아는 모든 사람처럼 나도 실수할 수 있어."라고 상기시켜 줄 수 있어요.

이런 고통을 인간의 경험의 한 부분이라고, 누구라도 원하는 것과 가지고 있는 것 사이에 격차가 있을 때 고통을 받는다고 스스로에게 이야기해 주세요. 그건 고통스럽고, 힘들고, 불쾌한 경험이지요. 당신이 자초한 일은 아니지만 어쨌든 고통이 여기에 있네요. 이 세상 모든 사람이 공통적으로 지니고 있는 것이지요.

실험

- 만나고 있는 내담자 중 자기연민 기술이 필요한 사람을 떠올려 보라.
- 자기연민 활동을 개인적으로 연습한 후에 내담자와 함께 시도해 보라.
- 다음 14주 동안 다시 이 책을 읽어 보는 것을 고려해 보라. 그저 읽는 것이 아니라 여기에 나와 있는 것들을 실제로 적용해 보면서. 한 번 읽는 것으로 이 책에서 얻어지는 모든 것을 얻었다고는 말할 수 없을 것이다.
- 이 책의 특정 부분이 특별히 어렵게 느껴졌다면 수퍼비전에서 다루거나, 온라인 ACT 토론 게시판에 당신의 어려움에 대해 글을 올리거나, 주위에 있는 ACT 전문가 집단을 찾아가거나, ACT를 사용하는 다른 상담자 동료와 이야기를 해 보라.
- 이 책에 나온 실험들을 모두 하지 않는다 하더라도 적어도 지금 여기에 나온 자기연민만은 연습해 볼 것을 권장한다. 당신은 인간이고, 모두 어떤 지점에서 어려움을 겪는다. 무엇보다도 자신에게 따뜻하고 친절하며 지지적으로 대하길 바란다.

| 참고문헌 |

Harris, R. (2009a). *ACT Made Simple: An Easy-to-Reader Primer on Acceptance and Commitment Therapy*. Oakland, CA: New Harbinger.

Harris, R. (2009b). *ACT with Love: Stop Struggling, Reconcile Differences, and Strengthen Your Relationship with Acceptance and Commitment Therapy*. Oakland, CA: New Harbinger.

Harris, R. (2010). *The Confidence Gap: From Fear to Freedom*. Camberwell, Australia: Penguin Group.

Harris, R. (2012). *The Reality Slap: Finding Peace and Fulfillment When Life Hurts*. Oakland, CA: New Harbinger.

Harris, R., & McHugh, L. (2012). Early draft for a forthcoming book on self-as-context.

Hayes, S. C. (2011). Discussion on the Association for Contextual Behavioral Science Listserv.

Luoma, J. B., Hayes, S. C., & Walser, R. (2007). *Learning ACT: An Acceptance and Commitment Therapy Skills–Training Manual for*

Therapists. Oakland, CA: New Harbinger.

Neff, , K. D. (2003), "Self-Compassion: An Alternative Conceptualization of a Healthy Attitude Toward Oneself." *Self and Identity*, 2, 85-102.

Ramnerö, J., & Törneke, N. (2008). *The ABCs of Human Behavior: Behavioral Principles for the Practicing Clinician.* Oakland, CA: New Harbinger.

Russ Harris는 정신과 의사이자 심리치료사, 임원 코치이다. 주요 저서로는 『ACT Made Simple』, 『ACT with Love』, 『The Reality Slap』, 『The Confidence Gap』 등이 있고, 전 세계적인 베스트셀러인 『The Happiness Trap』의 저자이기도 하다. 저명한 수용전념치료(ACT) 훈련가이기도 한 그는 현재 오스트레일리아 멜버른에서 거주하며 활동하고 있다.

역자 소개

김창대

서울대학교에서 학사, 석사 학위를 취득하고, 미국 Teachers College, Columbia University에서 상담심리학 전공으로 석사, 박사 학위를 취득하였다.
현재 서울대학교 교육학과 교수로 재직하면서 고급상담이론과 기법, 현대상담이론과 교육, 집단상담 및 교육프로그램 개발 등을 가르치고 있다.
한국상담학회 전문상담사 수련감독급, 한국상담심리학회 상담심리사 1급 자격증을 소지하고 있으며, 제8대 한국상담학회 회장을 역임(2015~2016년)하였다.
주요 저 · 역서로는 『상담학 개론』(공저), 『학교상담과 생활지도』(공저), 『애착』(단독), 『대상관계이론과 실제』(공역), 『대상관계이론 입문』(공역) 등이 있다.

최한나

연세대학교를 졸업하고, 미국 Ohio State University에서 임상상담 전공으로 석사학위를 취득한 후, 서울대학교 교육학과에서 상담 전공으로 박사 학위를 취득하였다.
현재 숙명여자대학교 교육학부 교수로 재직하며 상담기법, 고급상담이론, 수퍼비전 등을 가르치고 있으며, 상담심리사 1급과 수련감독전문상담사 자격증을 소지하고 있다.
주요 저 · 역서로는 『얄롬을 읽는다』(단독), 『매일 조금 더 가까이』(공역), 『상담 및 조력전문가를 위한 수퍼비전의 실제』(공역), 『상담 및 심리교육 프로그램 개발 및 평가』(공저), 『상담연구방법론』(공역) 등이 있다.

남지은

미국 Wellesley College에서 심리학 학사를 졸업하고 서울대학교에서 교육학과 교육상담 전공으로 석사 학위 취득, 박사 수료를 하였다.
현재 한국상담학회 전문상담사 2급 자격증을 소지하고 있으며, 서울대학교 대학생활문화원에서 외국인 유학생 상담을 하고 있다.
주요 저 · 역서로는 『상담에서의 단기개입전략』(공역)이 있다.

상담의 난관 극복하기
-수용전념치료 문제 해결 가이드-
Getting Unstuck in ACT

2017년 8월 25일 1판 1쇄 인쇄
2017년 9월 1일 1판 1쇄 발행

지은이 • Russ Harris
옮긴이 • 김창대 · 최한나 · 남지은
펴낸이 • 김진환
펴낸곳 • (주) **학지사**
　　　　04031 서울특별시 마포구 양화로 15길 20 마인드월드빌딩
대표전화 • 02-330-5114　팩스 • 02-324-2345
등록번호 • 제313-2006-000265호

홈페이지 • http://www.hakjisa.co.kr
페이스북 • https://www.facebook.com/hakjisabook

ISBN 978-89-997-1328-6 93180

정가 15,000원

이 도서의 국립중앙도서관 출판시도서목록(CIP)은 서지정보유통지
원시스템 홈페이지(http://seoji.nl.go.kr)와 국가자료공동목록시스템
(http://www.nl.go.kr/kolisnet)에서 이용하실 수 있습니다.
(CIP 제어번호: CIP2017019124)

•·····················• 교육문화출판미디어그룹 **학지사** •·····················•

심리검사연구소 **인싸이트** www.inpsyt.co.kr
원격교육연수원 **카운피아** www.counpia.com
학술논문서비스 **뉴논문** www.newnonmun.com